Roger Josef Boscovic

Abriss der Astronomie, mit Rücksicht auf ihre Verbindung mit der Schiffahrt

bremen
university
press

Roger Josef Boscovic

Abriss der Astronomie, mit Rücksicht auf ihre Verbindung mit der Schiffahrt

ISBN/EAN: 9783955620202

Auflage: 1

Erscheinungsjahr: 2013

Erscheinungsort: Bremen, Deutschland

@ Bremen-university-press in Access Verlag GmbH, Fahrenheitstr. 1, 28359 Bremen. Alle Rechte beim Verlag und bei den jeweiligen Lizenzgebern.

Vorrede
des Ueberſezers.

Der berühmte Boscovich hat in dem fünften Bande seiner optisch-astronomischen
Schriften *) diesen kurzen Abris der Astronomie
abdruk-

)(2

*) Nouveaux ouvrages de Monſieur l'Abbé BOSCOVICH,
appartenants principalement à l'Optic et à l'Astronomie,
en cinq volumes, à Baſſan. 1785, et ſe vendent à Ve-
niſe chez *Remondini.* — Es iſt zu bedauren, daß wegen
des in dieſem Jahre erfolgten Todes des Herrn Boscovich, die verſprochene Ausgabe von der Samlung
ſeiner übrigen mathematiſchen Schriften, nun wahr-
ſcheinlich unterbleiben wird.

abdrukken lassen. Er ist wie es scheint schon in dem Jahr 1775 aufgesezt worden, und zwar für den Herzog von Chartres. „Seine Hoheit ver- „langte von mir," spricht Herr Boscovich, „kurz zuvor, ehe er, um das Kommando über „eine Division der Flotte zu übernehmen, von Pa- „ris abging, daß ich die Hauptsäze von der Sfäre „mit ihm durchgehen, und einen Auszug aus „der Astronomie für ihn abfassen solte. Die „bestimte Zeit war kurz, und ich muste einen „Auszug machen, welcher nur die algemeinen „Begriffe von den wichtigsten Gegenständen dieser „Wissenschaft enthielt. Ich habe keine Figuren „dazu gezeichnet. Ich muste mich über alles, was „ich ihm schriftlich in diesem Aufsaz übergeben „hatte, mündlich mit ihm unterhalten; bei die- „ser Unterredung zeichnete ich die Figuren in sei- „ner Gegenwart, so wie sich Gelegenheit darzu „darbot, und erklärte sie ihm; verwikkeltere zeig- „te ich ihm in gedrukten Büchern. Was die „Instrumente anbetrift, so war der reichlichste „Vorraht davon bei der Hand, und es war daher „leicht, ihm ihre Beschaffenheit und ihren Gebrauch „zu erklären."

So entstand dieser Aufsaz, von dem der Herr Verfasser glaubte, daß er auch andern nüz-

lich ſein könte, und den er deswegen in die Samlung ſeiner Schriften mit aufnahm. Er erklärt
ſich darüber folgendermaßen. „Ich hoffe daß
„dieſe kleine Schrift ſolchen Perſonen ſehr nüzlich
„ſein wird, deren Abſicht es nicht iſt Profeſſoren
„der Aſtronomie zu werden, die aber doch von
„den erhabenen Gegenſtänden dieſer Wiſſenſchaft
„richtige Begriffe zu beſizen wünſchen; ſie werden
„alsdan wohl tuhn, wenn ſie ſich alle dieſe Artifel
„mündlich von einer geſchikten Perſon erklären,
„und die Inſtrumente und ihren Gebrauch, etwan
„auf einer Sternwarte, zeigen laſſen. Haben
„ſie dazu keine Gelegenheit, ſo kan ihnen in die-
„ſem Fal eins oder das andre von den größern
„aſtronomiſchen Werken, wo dieſe Inſtrumente
„abgebildet ſind, vorzüglich das klaſſiſche Werk des
„Herrn de la Lande, dieſen Mangel zu erſezen
„dienen. Die Betrachtung dieſer Figuren, und
„die Unterhaltung über ihre Zuſammenſezung und
„ihren Gebrauch mit einem geſchikten Aſtrono-
„men, wird ihnen nicht nur eine nüzliche Beleh-
„rung, ſondern ſelbſt wahres Vergnügen verſchaf-
„fen. — Diejenigen welche die Anfangsgründe
„der Aſtronomie ſchon gründlich ſtudiert haben,
„werden dieſen Auszug ſehr vorteilhaft gebrauchen
„können, um ſich die wichtigſten Gegenſtände wie-

„der in das Gedächtnis zurükzurufen, und sie wer-
„den dabei der verdrüslichen Mühe überhoben
„sein, jedesmahl den Text mit den Buchstaben der
„Figuren vergleichen, und die Beweise und Rech-
„nungen durchgehen zu müssen.“

Dieser vorteilhafte Gebrauch welcher von diesem Werkchen gemacht werden kan, scheint durch
die Art wie es dem Publikum bekant gemacht worden, ganz aufgehoben zu sein. Denn in der Taht,
es ist in einer Samlung abgedrukt worden, die wegen ihrer Größe und ihres Preises nur in we-
nige Hände kommen, und ausserdem, wegen
des Inhalts der übrigen Schriften unter welchen
diese steht, gewis nicht von solchen Personen gele-
sen werden wird, die sich nicht besonders mit der
Astronomie beschäftigen. Der Uebersezer glaubt
daher keine undankbare Arbeit übernommen zu haben, wenn er diese kleine Schrift durch eine deutsche Uebersezung unter seinen Landsleuten bekan-
ter zu machen, und sie so Lesern welchen sie bestimt war, und die sie in dem großen Boscovich-
schen Werke nicht leicht würden zu Gesichte be-
kommen haben, in die Hände zu liefern sucht.

Die vielen neuen Entdekkungen womit die
Astronomie seit kurzem bereichert worden ist, mach-

ten

ten es nötig etwas davon mich beizubringen. Der
Uebersezer hat daher das Wichtigste in einigen Anmerkungen angegeben, welche übrigens auch noch
einige andre, meistens historische, Gegenstände
betreffen. Da Herr Boscovich selbst bei dem
Abdrukke einige Anmerkungen hinzugesezt hatte,
so hat der Uebersezer die seinigen durch d. U. unterschieden. — Der Uebersezer hat am Ende
eine Tafel über das Planetensistem hinzugefügt;
das, was Herr Boscovich in dem Werke selbst
über diesen Gegenstand sagt schien wirklich zu wenig
zu sein, ausserdem läßt sich auch in einer Tabelle alles
besser übersehen; diese Tafel ist übrigens die erste,
in welcher der Uranus an der gehörigen Stelle
eingetragen worden. Daß auf derselben Artikel
vorkommen, von welchen in dem Werke selbst
nicht geredet worden ist, wird ihr hoffentlich nicht
zum Vorwurf gereichen; wer noch gar keine Kentnis von der Astronomie besizt, muß ohnedem Je-
mand haben, der ihm das ganze Werk erklärt.

Herr Boscovich hat auf dem Titel dieser
Schrift gesezt, pour un Marin, so geradezu konte
das auf den deutschen Titel nicht übergetragen werden, weil es nur einen üblen Einflus auf den Ver-
leger gehabt haben würde, ob das Werk gleich
darum

darum für jeden, der keinen Fuß von dem festen
Lande zu sezen denkt, nicht weniger brauchbar ist.
Mit einer geringen Aenderung hat es der Uebersezer um so lieber auf dem Titel angegeben, weil es
einen der handgreiflichsten und wichtigsten Nuzen
der Astronomie in dem bürgerlichen Leben betrift.

Man findet zu Ende dieser Abhandlung eine
kurze Uebersicht der in dem Werke selbst vorgetra-
genen Materien.   Herr Boscovich spricht davon,
„sie enthält in wenig Worten den Inhalt jedes
„Paragrafen; man hätte ihn sogleich in dem
„Text zu jedem sezen können, allein dieser Inhalt
„auf die Art an das Ende gestelt, dient zugleich
„sich kürzlich alles dessen zu erinnern, was man in
„dem vorhergehenden Texte ausführlich gefunden
„hat.“ — Diesem Urteile des Herrn Verfas-
sers hat der Uebersezer nicht widersprechen, und
daher in der Anordnung nichts ändern wollen.

E.

Roger Josef Boscovich
Abriß
der
Astronomie.

Erster Abschnit.
Von den Sternen und ihrer scheinbaren
Bewegung.

Es gibt überhaupt drei verschiedne Arten von Sternen; Firsterne, Planeten und Koometen. Fast
alle Sterne die wir am Himmel sehen, gehören zu
der ersten Art; sie haben ihren Namen Firsterne, das ist,
feste Sterne, daher erhalten, weil sie beständig, wenigstens
so viel sich ohne die genausten Untersuchungen bemerken
läst, einerlei Stellung gegen einander behalten. Ihre Entfernung von uns ist unermeslich. Wir haben keine hinlänglich große Grundlinie, um sie bestimmen zu können. Auch
ihre Menge ist nicht zu zählen. Man entdekt durch Fernröhre eine erstaunende Anzahl derselben in allen Gegenden

des

des Himmels, vorzüglich aber in jenem großen weislichten
Lichtstreifen, den man die Milchstraße nent. Man ist
überzeugt, daß sie ihr eignes Licht besizen. Ihre wirkliche Größe ist gänzlich unbekant. Ihre scheinbare Größe
würde bloß ein leuchtender Punkt sein, wenn nicht eine gewisse Abirrung der Lichtstralen, aus verschiednen fisischen
Gründen verursachte, daß die aus Einem Punkte gekom-
menen Stralen, sich, wenn sie durch das Auge gegangen
sind, nicht wider in Einem Punkt auf der Nezhaut ver-
einigen. Man stelt sich die Sterne als an einer ungeheuren Kugelfläche, die einen gemeinschaftlichen Mittelpunkt mit der Erde hat, befestigt vor. Ihre scheinbare Größe nimt an dieser Fläche weder eine Minute
noch eine Sekunde ein; sie ist für uns ein bloßer Punkt.
Ihre ganze scheinbare Größe kömt von der Größe des
Raumes her, in den die Lichtstralen durch jene Aberrazion,
auf dem Boden des Auges verbreitet werden. In der
Mitte dieses Raumes ist das Licht ungleich lebhafter als am
Rande, und aus der Ursache scheinen uns die Firsterne,
welche mehr Licht haben, größer zu sein.

Unterdessen hat diese Täuschung Anleitung gegeben die Firsterne in mehrere Klassen einzuteilen, man
unterscheidet daher Sterne von der ersten, zweiten, dritten u. s. f. bis sechsten Größe, und nent die kleinern tele-
skopische Sterne. Betrachtet man die Firsterne durch
Fernröhre, die alle übrigen Gegenstände, selbst Planeten
und Kometen vergrößern, so scheinen sie demohngeachtet
kleiner als vorher, aber weit heller zu sein, da jene Abirrung der Lichtstralen durch das Fernrohr vermindert wird.
Diese Größe in welcher wir die Firsterne mit bloßen Augen sehen, ist nicht das, was die Astronomen den scheinbaren Durchmesser nennen. Man bezeichnet durch
diesen Namen die Anzahl Minuten oder Sekunden, welche der wahre Durchmesser des Sterns an der Himmels-

fläche einnimt, oder den Winkel den zwei aus dem Auge an die entgegengesezten Ränder des Sterns gezogne Linien mit einander einschliessen; da dieser scheinbare Durchmesser bey den Firsternen kleiner ist als eine Sekunde, so ist er für uns nur als ein Punkt anzusehen *). Aus dieser geringen scheinbaren Größe erklärt man auch das Zittern, das man das Funkeln der Sterne nent, und das man bei den Planeten entweder gar nicht, oder doch weniger stark bemerkt, wenn die Atmosfäre nicht mit einer Menge sehr dichter Dünste angefült ist.

Um diese unermesliche Menge von Firsternen besser von einander unterscheiden zu können, hat man sich an der Kugelfläche, welche den Himmel vorstelt, eine Menge verschiedener Figuren gedacht, die man Konstellazionen, Sternbilder, Gestirne nent. Die alten Sternbilder die wir jezt haben, sind ihren Ursprung der griechischen Götterlehre schuldig. Man hat sie seit der Widerherstellung der Astronomie mehr als verdoppelt. In den Bayerischen Sternkarten steigt ihre Anzahl auf sechzig, allein in Roberts de Vaugondy **) Planisfären zählt man ihrer hundert. Herr de la Lande hat auf seiner neuen Himmelskugel, auf der die Lage der Firsterne äusserst genau aufgetragen ist, das hundert und erste

Stern-

---

*) Durch die ungeheuren und alle Erwartung übersteigenden Vergrößerungen welche der um die neueste Astronomie so verdiente Herschel zu bewirken gewust hat, ist es ihm gelungen, auch die scheinbaren Größen von Firsternen zu messen. So hat er z. B. den hellen Stern in der Leier deutlich als eine Scheibe sein Fernrohr vorüber gehen gesehen, und seinen scheinbaren Durchmesser gemessen. d. U.

**) Neu herausgegeben von Funk mit einer Anweisung zur Kentnis der Gestirne. Leipzig, 1777. d. U.

Sternbild dazu gesezt und Messier genant *), um den
Namen dieses durch so viel neu entdekte Kometen berühmten Astronomen zu verewigen **). Unter diesen Stern-
bildern mus man vorzüglich die zwölf Zeichen des Tierkreises, eines großen, fast zwanzig Grad breiten und um
den ganzen Himmel herumgehenden Streifens, bemerken.
Ihre Namen hat man in folgende zwei lateinische Verse
gebracht:

Sunt Aries, Taurus, Gemini, Cancer, Leo, Virgo,

Libraqué, Storpius, Arcitenens, Caper, Amphora, Pisces.

Man nent die drei vorlezten eigentlich Sagittarius, Ca-
pricornus, Aquarius, und hat ihre Namen etwas verändert, um sie besser in den Vers zwingen zu können. Die
deutschen Namen und ihre Zeichen sind folgende:

♈ ♉ ♊ ♋ ♌ ♍

Widder, Stier, Zwillinge, Krebs, Löwe, Jungfrau,

♎ ♏ ♐ ♑ ♒

Wage, Skorpion, Schüze, Steinbok, Wasserman,

♓

Fische.

Man findet sie in allen astronomischen Schriften, selbst in
den Kalendern. Man kan hier noch die beiden Bäre bemerken, die den Polen Namen gegeben haben; so heist der
Nordpol, bei welchem diese beiden Bäre stehen, der arkti-
sche,

*) Bei dieser Gelegenheit habe ich meine Verehrung ge-
gen den großen Beobachter durch folgendes Disti-
chon bezeugt:

Sidera non messes Messerius iste tuetur;

Certe erat ille suo dignus in esse polo.

**) Und noch neuerlich hat Herr Bode zum Andenken
Friedrichs des Einzigen ein Sternbild vorgeschlagen
und es Friedrichs Ehre genant.   d. H.

sche, und der Südpol, der antarktische, von Arktos, dem griechischen Namen des Bäres.

Der Name Pol bezieht sich auf die Bewegungen, von denen wir sogleich reden werden. Vorher aber wollen wir noch etwas von den Planeten und Kometen sagen. Auch die Planeten haben ihren Namen von den Griechen erhalten, wegen ihrer scheinbar irregulären Bewegung am Himmel, aus welcher Ursache sie die Römer errones nanten. Man teilt sie in zwei Klassen, die im lateinischen Planetae primarii und secundarii heisen, im deutschen nent man sie Haupt- und Nebenplaneten. Zu den ersten rechnet man sonst auch den Mond. Jezt weiß man, daß er ein Trabante der Erde ist, und zählt ihn daher wie gehörig zu den Nebenplaneten. Auch die Sonne, die man sonst für einen Planeten hielt, gehört nicht dazu. Von Hauptplaneten kent man siben, ihre Namen und Zeichen sind folgende:

☿   ♀   ♁   ♂   ♃   ♄

Merkur, Venus, Erde, Mars, Jupiter, Saturn,

♅

Uranus *).

A 3   Die

*) Diesen neuen Planeten hat Herr Herschel in England zu Anfang des Jahres 1781. entdekt, bis dahin hatte man ihn seiner geringen Größe wegen übersehen, und die beiden Male, die man ihn, so viel man weiß genauer beobachtete, für einen Firstern gehalten. Bei den Ausländern nent man ihn oft zu Ehren des Entdekkers den Herschelschen Planeten oder auch bloß Herschel. Den schiklichen und fast algemein angekommenen Namen Uranus hat Hr. Bode vorgeschlagen, sein Zeichen ♅ Herr Köhler; es ist von dem beinahe zu gleicher Zeit erst gefundenen neuen Metalle genommen. Neuerlich hat

ihn Herr Abt Hell dieses Zeichen ⚸ gegeben, wodurch

ein

Die Nebenplaneten sind an der Zahl zehn *); der Mond, vier Jupiterstrabanten und fünf Trabanten des Saturns **); den leztern umgibt noch in einiger Entfernung ein von ihm abgesonderter, platter, ziemlich breiter und sehr dünner Ring. Die scheinbaren Durchmesser der Sonne und des Mondes betragen ungefähr einen halben Grad, die der andern Planeten sind beständig kleiner als eine Minute. Alle Planeten erhalten ihr Licht von der Sonne; man sieht dieses bei dem Jupiter, Saturn und ihren Trabanten, an den Verfinsterungen der leztern, und an den Schatten, den sie auf ihre Hauptplaneten werfen, bei den übrigen zeigen dieses die Fäsen (das Zu= und Abnehmen derselben wie bei dem Mond), und bei dem Merkur, der Venus und dem Mond, sieht man es noch ausserdem daher, weil sie dan und wan als dunkle Scheiben durch die Sonne gehen.

Die Anzahl der Kometen mus sehr groß seyn. Man findet keine einzige astronomische Beobachtung eines Kometen in den Schriften unserer alten Astronomen. Jezt kent man von 63 ***) Kometen den Teil ihrer wahren Bahn in dem sie uns sichtbar sind. Einer von denselben ist seit der Widerherstellung der Astronomie, schon mehrere Male zurükgekehret, und braucht zu Durchlaufung seiner ganzen Bahn 56 bis 57 Jahre. Einen andern hat man in einer Periode von 129 Jahren zurükkehren sehen ****). Die Kometen haben einen weislichten Kern

mit

ein Firstern der zum Planeten geworden ist, angedeutet wird.   d. U.

*) Seit diesem Jahre zwölf.   d. U.

**) Und noch zwei Trabanten des Uranus, die Herr Herschel in diesem Jahr entdekt hat.   d. U.

***) Es sind seitdem noch mehrere beobachtet worden. Bis auf den der im August 1786 erschienen, hat man jezt die Bahnen von 73 Kometen ▬▬ chnet.   d. U.

****) So glaubte man son▬▬▬ein. Herr Mechain hat kurz vor seiner Aufnahme▬▬ die Pariser Akademie der

Wissen-

mit einem neblichten Rande, der ſich in einen ſehr langen von der Sonne abwärts gerichteten Schweif verlängert. Sie erhalten ebenfals wie die Planeten, ihr Licht von der Sonne, und ſie verändern ihre Lage gegen die übrigen Sterne, durch welches Kennzeichen man ſie ſehr leicht von den Nebelſternen unterſcheiden kan.

Alle Sterne haben eine gemeinſchaftliche tägliche Bewegung. Es iſt dieſes eine gleichförmige Umdrehung um eine Axe, die durch den Mittelpunkt der Erde bis an beide entgegengeſezte Pole der Himmelskugel geht. Dieſe Pole ſind überal gleich weit von einem gröſten Kreiſe an ſfäriſchen Himmelsfläche entfernt, welchen man den Aequator nent, und der den ganzen Himmel in zwei Halbkugeln, die nördliche und die ſüdliche, abteilet. Man nent dieſe Pole aus dieſer Urſache, Pole des Aequators. Jeder Kreis auf der Kugel hat zwar ſeine eigne Axe und ſeine beiden Pole, die allen mit einander parallelen Kreiſen gemein ſind; allein die Axe und die beiden Pole des Aequators nent man vorzugsweiſe die Weltaxe und die Weltpole; auch verſteht man dieſe, wenn man ſchlechtweg von der Axe und den Polen redet. Die ſcheinbare tägliche Bewegung der Himmelskugel verändert die Lage der Sterne gegen einander nicht, ſie hat ihren Grund in einer wirklichen Bewegung der Erde um ihre Axe, welche durch beide Pole der Erdoberfläche geht, und welche wir uns biß zu der eingebildeten Himmelskugel, an der wir die gedachte ſcheinbare Bewegung beobachten, verlängert vorſtellen. Eine Perſon auf einem Schiffe das gewendet wird, hat eine ähnliche Erſcheinung, ſie glaubt, die Küſten und die andern herumliegenden Schiffe, in einem Kreis um ſich herum bewegt zu ſehen.

A 4 Dieſe

Wiſſenſchaften in einer vortreflichen Abhandlung, die bei der Akademie den Preis erhalten hat, das Gegenteil gezeigt.

Diese tägliche Bewegung gibt bloß Gelegenheit zu einer geringen Verrükkung der Lage der Sterne gegen einander, welche aus zwei Ursachen, die von den Astronomen die Stralenbrechung, und die tägliche Parallaxe genamt werden, entstehet. Wenn wir die Sterne entweder bloß mit unsern Augen, oder durch Fernröhre betrachten, so sehen wir sie an der Stelle, welche der iezten Richtung des Strals, durch den wir sie sehen, entspricht; ungerechnet eine kleine Veränderung, welche die zusammengesezte Bewegung des Lichts und der Erde verursacht, die man Abirrung der Lichtstralen, oder bloß Abirrung nent, und von der wir hernach reden werden. Allein jeder Lichtstral, wenn er schief auf die Atmosfäre fält, wird, während seines ganzen Durchgangs durch dieselbe, beständig gekrümt, und verändert dadurch seine Richtung, und mithin auch den scheinbaren Ort des Sterns. Der Unterschied zwischen seiner ersten und lezten Richtung ist die Wirkung der Stralenbrechung, und wird schlechthin Refrakzion genent. Die Parallaxe wird von der Entfernung des Auges von dem Mittelpunkt der Erde verursacht. In der Astronomie bestimt man den Ort eines Sterns an der Himmelskugel, durch eine gerade Linie aus dem Mittelpunkt der Erde, bis an den Mittelpunkt des Sterns, und nent dieses seinen geozentrischen Ort. Eine gerade Linie aus dem Auge durch den Stern, trift auf einen andern Punkt des Himmels; wenn sie nicht die Verlängerung des Erdhalbmessers ist. Die Entfernung zwischen diesen beiden Punkten nent man die tägliche Parallaxe. Die Refrakzion und die Parallaxe sind am Horizont am stärksten, und werden immer geringer, je höher der Stern am Himmel steigt, doch nicht nach einerlei Gesezen *). Da jeder

---

*) Ausserdem ist auch die Parallaxe, wenn der Stern in gleicher Entfernung von der Erde bleibt, alle Tage gleich groß, die Refrakzion aber nach der Beschaffenheit der Luft verschieden. d. U.

jeder Stern der nicht selbst im Pol steht, vermöge der täglichen Bewegung seine Entfernung von dem Horizont beständig ändert, so sieht man, daß jene beiden Ursachen seinen scheinbaren Ort am Himmel verrükken müssen; die Parallaxe bringt ihn dem Horizont näher, die Refrakzion entfernt ihn von demselben. Die leztere ist für alle Sterne, die in gleicher Höhe über dem Horizont stehen gleich groß, im Horizont selbst beträgt sie etwas mehr als einen halben Grad. Die erste hängt zugleich von der Entfernung des Sterns vom Mittelpunkt der Erde ab. Bei dem Monde, wenn er am Horizont steht, steigt sie manchmahl über einen Grad; bei den Planeten und Kometen beträgt sie nur einige Sekunden; bei den Firsternen und selbst bei dem Uranus ist sie ganz unmerklich, schon bei dem Saturn, der doch nur halb so weit entfernt ist als der Uranus, steigt sie nie über eine Sekunde. Die Aberrazion läßt die Firsterne alle Jahre eine mehr oder weniger abgeplattete Ellipse durchlaufen deren größte Axe nur 40 Sekunden beträgt.

Die Firsterne haben noch um eine andre Axe eine Bewegung, die aber äusserst langsam ist, und in 25000 Jahren vollendet wird. Diese Axe ist die Axe eines größten Kreises der mitten durch den Tierkreis geht, und Ekliptik genant wird. Diese allen Firsternen gemeinschaftliche Bewegung geht von Abend gegen Morgen, da die tägliche Bewegung die entgegengesezte Richtung von Morgen gegen Abend hat. Man nent sie das Vorrükken der Nachtgleichen, oder auch bloß das Vorrükken; die Ursache dieser Bewegung wird man in der Folge sehen.

Noch gibt es eine andre sehr geringe scheinbare Bewegung, welche man die Nutazion oder das Schwanken der Axe nent; vermöge derselben beschreiben die Pole des Aequators einen kleinen Zirkel, oder vielmehr eine kleine Ellipse um zwei Punkte des Himmels, die man die mit-

tern

lern Pole nent. Die beiden Axen dieser Ellipse sind
sehr klein, die größere beträgt nur 18 die kleinere nur 13
bis 14 Sekunden. Auf diese Art haben die Sterne viererlei scheinbare Bewegungen, die tägliche Umdrehung, das
Vorrükken der Nachtgleichen, die Aberrazion der Lichtstralen und die Nutazion; alle diese Bewegungen sind in-
des keine wirklichen Bewegungen der Sterne, sondern sie
haben ihren Grund in den Bewegungen der Erde.

Zu diesen kan man noch einige andere kleine scheinbare, und allen Sternen gemeinschaftliche Bewegungen
rechnen, die von der Veränderung der Lage des Aequators und der Ekliptik gegen einander herkommen. Auch
bemerkt man an mehrern einzelnen Sternen besondre Bewegungen, und man sieht immer mehr wie wahr der Abt
de la Caille sagt: plus nous observons les étoiles fixes, moins nous les trouvons fixes. Diese leztern sind
wirkliche Bewegungen der Firsterne, die uns aber ihrer
erstaunenden Entfernung wegen, sehr gering zu sein
scheinen *).

Den Planeten sind, ausser der mit den Firsternen gemeinschaftlichen täglichen Umdrehung, noch große scheinbare Bewegungen eigen, die uns sehr irregulär zu sein
scheinen. Die Sonne, die man deswegen sonst unter die
Planeten rechnete, hat eine jährliche Bewegung in der
Ekliptik von Abend gegen Morgen, vermöge welcher sie
jeden Tag beinahe einen Grad durchläuft; doch gegen
Ende des Decembers, wenn ihr scheinbarer Durchmesser
größer

---

*) Auch hierin hat die Astronomie Herscheln viel zu dan-
ken, der durch seine Beobachtungen Lamberts und andrer Muhtmaßungen von der Bewegung ganzer Son-
nensisteme bestätigt hat; so macht er zum Beispiel
wahrscheinlich, daß sich unsre Sonne mit ihren Planeten und Kometen gegen den Herkules bewegt. d. U.

größer wird, geht sie geschwinder, langsamer aber gegen
Ende des Junius, zu welcher Zeit ihr scheinbarer Durchmesser am kleinsten ist.   Die Planeten haben ihre Bahnen
dies- und jenseits der Ekliptik, doch gehen sie nie aus dem
Tierkreise.   Der Mond rükt täglich von Morgen gegen
Abend, in einer fast fünf Grad gegen die Ekliptik geneig-
ten Bahn.   Die beiden Punkte in welchen die Bahnen
der Planeten die Ekliptik durchschneiden, und welche um
den halben Himmel voneinander entfernt sind, nent man
Knoten.   Der Mond vollendet seine Bahn in Rüksicht
der Firsterne *) in etwas mehr als 27 Tagen, man nent
dieses den periodischen Monat, in dieser Periode verändert
er seinen scheinbaren Durchmesser, und seine tägliche Geschwindigkeit in seiner Bewegung beständig.   Ehe er wie-
der zur Sonne kömt, welche in dieser Zeit ebenfals fortgerükt ist, braucht er 29 und einen halben Tag, man nent
dies den sinodischen Monat.   Zwölf solcher Monate und
noch fast elf Tage machen ein Jahr aus.   In jedem Monat verändert der Mond seine Fasen, in der Opposizion
mit der Sonne ist er vol.   Die Konjunkzionen und Opposizionen dieser beiden Sterne, das ist, die Neu- und
Volmonde nent man Sizigien.

Die Veränderung seiner Fasen, hat ihren Grund in
seiner Stellung gegen die Sonne.   Die Sonne erleuchtet
allemahl etwas mehr als die Hälfte seiner Oberfläche; allein wir sehen die erleuchtete Hälfte nie ganz, ausser in den
Opposizionen.   Sehr nahe bei den Konjunkzionen sehen
wir nur einen kleinen Teil davon, dies ist der zu- und ab-
nehmende Mond, er wächst, so wie seine scheinbare Entfernung von der Sonne zunimt.

Die Lage der Mondsbahn verändert sich beständig,
die Knoten derselben rükken jedes Jahr gegen Abend zurük

*) Bis er wider zu demselben Firstern zurükkehrt. d. U.

rük, und durchlaufen den ganzen Tierkreis in faſt acht-
zehn Jahren. Allein in ſeinem ganzen Laufe iſt ſehr viel
Irregularität, welche die Rechnungen über ſeinen Ort zu
einer vorgegebenen Zeit, erſtaunt verwikkelt machen.
Wenn ſich die Konjunkzionen in der Nähe der Knoten
eräugnen, ſo verdekt er uns ganz oder zum Teil, die
Sonne, in den Oppoſizionen wird er ſelbſt in ähnlichen
Fällen von der Erde verdunkelt, da er in ihrem Schatten
rükt; die Ekliptik hat von dieſen Erſcheinungen ihren
Namen erhalten.

Die übrigen Planeten rükken gewöhnlich von Abend
gegen Morgen in dem Tierkreis fort, doch ſchei-
nen ſie auch manchmahl zurükzugehen und ſtil zu ſtehen,
wiewohl ſie in der Taht beſtändig fortrükken. Venus
und Merkur, die untern Planeten wie man ſie nent, weil
ſie weniger von der Sonne entfernt ſind, als die Erde, entfernen ſich nur um einen beſtimten Bogen von der Sonne, der bei dem Merkur ungleich kleiner iſt als bei der Venus. Man ſieht ſie daher mit bloßen Augen nur des
Morgens, wenn ſie vor der Sonne aufgehen, und des
Abends, wenn ſie nach ihr untergehen. Merkur beſonders iſt äuſſerſt ſelten ſichtbar, da er faſt immer von den
Sonnenſtralen verdekt wird. Die vier übrigen Planeten, die man aus entgegengeſezten Gründen die obern
nent, kommen mit der Sonne auch in Oppoſizion. Eräugnen ſich die Konjunkzionen der untern Planeten mit
der Sonne nahe genug bey der Ekliptik, ſo ſieht man ſie
in Geſtalt ſchwarzer Flekken vor der Sonnenſcheibe vor-
übergehen; ſehr ſelten iſt unterdeſſen dieſe Erſcheinung bei
dem Merkur, und noch ungleich ſeltner bei der Venus.
Alle dieſe Planeten durchlaufen die Ekliptik in Punkten,
die in Beziehung auf die Erde, von wo wir ſie ſehen, ſehr
vielen Veränderungen unterworfen ſind. Die Unregelmäßigkeiten von allen dieſen Bewegungen, haben ihren
Grund

Grund vorzüglich in der Verbindung ihrer wirklichen Bewegung um die Sonne, mit der Bewegung der Erde.

Auf der Sonne zeigen sich oft Flekken, und aus ihrer regelmäßigen Bewegung schliessen wir auf eine Umdrehung der Sonne um ihre Are die in ungefähr 26 Tagen vollendet wird. Eben so wissen wir, daß sich Jupiter, Mars und der Mond um ihre Are drehen; man vermutet es gleichfals bei den andern Planeten, denn es ist noch sehr zweifelhaft, ob man es bei der Venus beobachtet hat *).

Die Kometen haben eine scheinbare Bewegung, die uns sehr oft wie geradlinigt vorkömt, andremahl macht sie eine sehr merkliche Krümmung; manchmahl ist sie im Anfang sehr langsam, und beträgt des Tages nur wenig Minuten, nimt aber darauf so stark zu, daß sie auf 40 bis 50 Grad steigt. Andremahl findet gerade das Gegenteil statt, der Komet bewegt sich erstaunend geschwind wenn man ihn entdekt, und rükt nach und nach immer langsamer fort. Es gibt Kometen deren Licht sehr hel ist wenn sie von der Sonnennähe kommen, und nach und nach verschwindet, jemehr sie sich von der Sonne entfernen; andre entdekt man, wenn sie in großer Entfernung von der Sonne mit sehr schwachen Lichte scheinen, und sie werden alsdan immer heller, jemehr sie sich der Sonne nähern, bis sie sich hinter ihren Stralen verbergen. Man sieht sie in allen Gegenden des Himmels, und sie schränken sich auf keinen Tierkreis ein, wie einige berühmte Astronomen vermutet haben. Auch haben ihre Bewegungen keine gemeinschaftliche Richtung, wie die der Planeten. Ihr Schweif ist beständig von der Sonne abwärts gerichtet, mit einer geringen Neigung rükwärts und, wenn

die

*) Auch auf dem Saturn hat endlich Herschel Flekken entdekt, durch deren Hilfe man nun bald die Länge des Saturntages wird bestimmen können.   d. U.

die Kometen bei der Sonne sind, etwas gekrümt. Sie
werden rund, vorzüglich in den Oppositionen mit der
Sonne, in welchem Fal der Schweif von dem Kometen
verdekt wird. Die großen Unregelmäßigkeiten ihrer Bewegung entstehen aus der Verbindung der Bewegung der
Erde, und der Bewegung des Kometen um die Sonne,
in einer sehr abgeplatteten Ellipse.

Auch die Bewegung des Lichts hat einen Einflus auf
die scheinbare Bewegung der Planeten und Kometen, wir
sehn sie nämlich nicht da, wo sie wirklich sind, sondern,
wenn wir jezt die andern Veränderungen nicht rechnen, an
dem Orte, wo sie sich befinden, als das Licht von ihnen
ausging. Bei den Firsternen die sich nicht merklich bewegen, findet sich dieser Irtum nicht; bei dem Mond
und den irdischen Gegenständen hebt er beinahe völlig die
andre Wirkung von der Aberrazion der Lichtstralen auf.

Zweiter Abschnit.
Von der Armillarsfäre und der künstlichen Himmelskugel.

Man hat die Armillarsfäre angegeben, um sich von
den scheinbaren Bewegungen, und den daraus folgenden
Erscheinungen einen deutlichen Begrif machen zu können.
Man stelt sich zwei sfärische Flächen vor, eine unbewegliche und eine bewegliche, in deren gemeinschaftlichen Mittelpunkt sich die Erde befindet; die erste nent man das
Firmament, die andere das Primum Mobile. Man
macht hier die Erde unendliche Mahl größer, als sie im Verhältnis der Entfernung von diesen Flächen sein solte, um
sie bemerkbarer zu machen; auch nimt man an ihrer
Stat eine volkomne Kugel, ob sie gleich an den Polen
etwas eingedrukt ist. Der Unterschied zwischen dem
Durchmesser des Aequators und der Are ist zu klein, als
daß

daß man ihn an einer solchen Kugel ausdrükken könte; man hält ihn insgemein für den 170sten oder 200sten Teil des Ganzen, doch ich glaube durch die Vergleichung der neusten Messungen hinlänglich bewiesen zu haben, daß er geringer als der 340ste Teil ist, woraus folgt, daß man bei den astronomischen Beobachtungen gar nicht auf ihn zu achten braucht, einige seine Bestimmungen über die Mondsparallaxe ausgenommen.

Man findet an der Armillarsfäre zehn Kreise, die fast alle durch platte Ringe, welche im Lateinischen Armillae heißen, vorgestelt werden. Sechs derselben sind größte Kreise der Kugel, zwei an der unbeweglichen Fläche, die übrigen an der beweglichen. Die beiden ersten sind der Horizont und der Meridian, die vier andern größten Zirkel sind, der Aequator, die Ekliptik (welche mitten auf einem, den Tierkreis vorstellenden Gürtel gezogen ist) und die beiden Koluren. Die vier kleinern sind die beiden Wendekreise und die beiden Polarzirkel.

Der Horizont teilt die Oberfläche der Kugel in zwei gleiche Teile, den obern und sichtbaren, und den untern uns unsichtbaren. Man nent dieses den wahren Horizont; der scheinbare oder fisische Horizont ist ein andrer Kreis, der mit jenem parallel durch das Auge des Beobachters geht; doch die Entfernung dieser beiden Kreise, die sehr merklich ist, in Rüksicht des Mondes, ist äusserst gering im Verhältnis gegen die Entfernung der übrigen Planeten von der Erde, und ganz unmerklich gegen die erstaunende Entfernung des Firsternenhimmels. Man kan noch einen andern Horizont bemerken, er wird durch die Richtung des Auges bestimt, die, wenn dasselbe über die Meeresfläche erhoben ist, sich eben so viel senkt, als das Auge sich erhebt; man nent dieses den sichtbaren Horizont. Ein Seefahrer darf ihn bei dem Gebrauch einiger Instrumente, zur Bestimmung der Höhe eines

eines Sterns über den Horizont, nicht aus der Acht laßen. Die Pole des Horizonts sind zwei Punkte, von denen einer senkrecht über uns steht, und Zenit genant wird, der andre entgegengesezte heißt Nadir. Man teilt den Horizont in Grade ab, und bemerkt darauf die Winde. Die vier Hauptwinde gehören zu den vier Kardinalpunkten des Horizontes; Norden ist der Mittagsseite entgegengesezt, Süden für unsre Länder in der Gegend wo die Sonne des Mittags steht, Ost ist im Morgenpunkt, West im Abend. Zwischen diese vier legt man vier andre, Nordost, Südost, Nordwest, Südwest, dazu sezt man noch acht antre Nord-Nordwest, West-Nordwest u. s. f. Auf den gewöhnlichen Bussolen bemerkt man durch neue Einteilungen 32 Winde, manchmahl auch 64; eigentlich aber gibt es so vielerlei Winde, als der Horizont Punkte hat, das heißt unendlich viel.

Der andre Zirkel an der unbeweglichen Kugel, heißt der Meridian oder der Mittagskreis, weil wir allemahl Mittag haben, wenn sich die Sonne in demselben befindet. Er steht senkrecht auf dem Horizont, geht durch den Nord- und Südpunkt desselben, durch das Zenit und Nadir und durch die beiden Pole, wo die Axe an ihn befestigt ist; dieser Kreis teilt den Himmel in die östliche und die westliche Halbkugel; seine Pole sind die beiden Kardinalpunkte, der Ost- und der Westpunkt.

Der Aequator an der Armillarssäre gehört zur beweglichen Kugel, man kan sich aber einen andern an der unbeweglichen Kugel denken, unter welchem sich der erste bewegt. Seine Pole sind die Weltpole. Er teilt den Himmel in die nördliche und in die südliche Halbkugel. Man teilt ihn in Grade ein.

Die Ekliptik ist mitten auf dem Tierkreis gezeichnet der etwas weniger als achtzehn Grad Breite hat. Sie ist gegen den Aequator um 23 Grad 20 Minuten geneigt, doch ist diese Neigung nicht beständig, und nach mehrern

Jahr-

Jahrhunderten iſt dieVeränderung derſelben ſehr merklich. Die beiden Durchſchnitspunkte der Ekliptik mit dem Aequator, heiſen der Frülings- und der Herbſtpunkt. Man teilt den erſtern Kreis wie den Aequator in Grade ein, und fängt dieſe an der Ekliptik ſowohl als an dem Aequator bei dem Frülingspunkte zu zälen an. Der Frülingspunkt hat ſeinenNamen daher erhalten, weil ſich die Sonne beim Antrit des Frülings in ſelbigem befindet. Man zält die Grade in beiden von Abend gegen Morgen, allein bei dem Aequator zält man fort bis auf 360, bei der Ekliptik hingegen fängt man bei jedem dreiſſigſten Grade von neuen zu zälen an, um die zwölf Zeichen des Tierkreiſes zu bemerken. Bei dem Frülingspunkte, in welchem die Ekliptik aus der ſüdlichen Hemiſſäre in die nördliche übergeht, fängt der Widder an. Die erſten drei Zeichen durch, entfernt ſie ſich vom Aequator bis auf 23 Grad 28 Minuten, darauf nähert ſie ſich ihm wider, bis gegen Ende des ſechſten Zeichens, alsdan entfernt ſie ſich ſüdlich eben ſo weit bis zu Ende des neunten Zeichens, endlich kömt ſie mit Ausgang des zwölften Zeichens wider zum Aequator zurük.

Wenn ſich die Sonne in dem Frülings- und Herbſtpunkt befindet, iſt auf der ganzen Erde Tag und Nacht gleich; die Aequinokzien, oder Nachtgleichen, und der Aequator ſelbſt, haben daher ihren Namen erhalten. Zu Ende des dritten und neunten Zeichens, wo ſich die Sonne wider gegen den Aequator wendet, verändert ſich ihre Entfernung von dieſem Zirkel in mehrern Tagen nur ſehr wenig; die Solſtizen, oder Sonnenſtilſtände, haben daher ihren Namen. Da vermöge der jährlichen Bewegung der Sonne in der Ekliptik, und der täglichen Umdrehung der ganzen Himmelskugel, die Sonne jeden Tag durch einen andern Punkt des Meridians geht, und in den drei lezten und drei erſten Zeichen gegen unſer Zenit hinauf

B   ſteigt,

steigt, in den sechs andern aber sich wider von demselben entfernt, so hat man jene die aufsteigenden, diese die absteigenden Zeichen genant. Man sieht daß es in der Ekliptik vier vorzüglich merkwürdige Punkte gibt, nämlich die, welche zu den Nachtgleichen des Frülings und des Herbsts, und den Sommer- und Winter- Sonnenstilständen gehören. Man sieht auch daß die tägliche Bewegung der Sonne nicht völlig zirkular, sondern spiralförmig ist, und daß daher die Mittagsstunde, die man durch übereinstimmende Sonnenhöhen gefunden hat, eine kleine Verbesserung bedarf; wir werden hernach davon reden.

Der Durchschnitspunkt des Aequators mit der Ekliptik steht nicht immer an demselben Punkt des Firsternenhimmels, sondern geht alle Jahre etwas zurük, und verursacht dadurch, daß die Nachtgleiche des folgenden Jahres etwas eher eintrit, ehe die Sonne ihren ganzen Umlauf, in Beziehung auf die Firsterne vollendet hat, und daß alle Firsterne jährlich in Beziehung auf den Nachtgleichenpunkt, etwas gegen Morgen rükken. Dies ist der Ursprung des Namens, und die wahre Ursache jener sehr langsamen scheinbaren Bewegung, die man das Vorrükken der Nachtgleichen nent, wodurch alle Sterne jährlich von dem Frülingspunkte, von dem man zu zälen anfängt, gegen Morgen rükken. Die Sterne durchlaufen in dieser Bewegung alle sibzig Jahre ungefähr einen Grad.

Durch diese Bewegung haben die Zeichen des Tierkreises, in den zweitausend Jahren, die seit den Beobachtungen der alten Astronomen bis auf uns verflossen sind, ihre Stelle so sehr verändert, daß nun der Widder steht wo sonst der Stier stand, der Stier wo die Zwillinge u. s. w. Aus dieser Ursache mus man zwei Tierkreise, einen eingebildeten und einen sichtbaren, unterscheiten. Der erste fängt mit dem Frülingspunkt an, und die

die zwölf Teile der Ekliptik die zu ihm gehören, haben ihre
alten Namen behalten, der andre enthält die Einteilung-
en in welchen die Bilder der alten Zeichen ſtehen, mit ihren Firſternen und ihren Namen; allein man ſagt, daß
der und der Stern des Widders jezt in dem und dem
Grade des Stiers ſteht, und verbindet ſo die erſte Benen-
nung in dem ſichtbaren Tierkreis, und die zweite in dem
eingebildeten mit einander. Die Pole der Ekliptik ſtehen
von den Polen des Aequators um 23 Grad 28 Minuten
ab, um eben ſo viel nämlich, als ſich die Ekliplik ſelbſt von
dem Aequator entfernt. Sie befinden ſich in den Punkten,
wo einer der beiden Koluren die Polarkreiſe durchſchneidet.
Das Vorrükken aller Sterne geſchieht um dieſe Pole, in
Kreiſen die mit der Ekliptik parallel ſind; es folgt hieraus,
daß ſich die tägliche Bewegung verſchiedner Firſterne nach
mehreren Jahrhunderten ſehr verändert haben mus. Vermöge dieſer Bewegung beſchreiben die Firſterne, die ſich
in der Nähe bei den Polen des Aequators befinden, nur
kleine Kreiſe, die aber immer größer werden, je mehr ſie
ſich dem Aequator nähern. In dem Schwanze des kleinen Bärs ſteht ein Firſtern, der jezt von dem Nordpol
noch nicht zwei Grad entfernt iſt, und der daher den Namen des Polarſterns erhalten hat. Wir ſehen ihn beſtändig in Norden, ohne daß man, wenn man ihn nicht genauer betrachtet, eine Veränderung in ſeiner Stellung
bemerkte; da man doch in derſelben Nacht, zu verſchiedenen Stunden, und in derſelben Stunde zu verſchiedenen
Jahrszeiten, die Stellung der andern Sterne, und den
ganzen Anblik des Himmels, in Beziehung auf unſern
Horizont und die irdiſchen Gegenſtände, die uns umgeben,
ſehr verändert ſieht. Aus dieſer Urſache hat er den Seefahrern auch immer zum Führer gedient; jezt iſt er zu dieſem Gebrauche noch beſſer geſchikt, da er dem Pole näher
ſteht; mehrere Jahrhunderte durch wird er ſich ihm noch

nähern

nähern *), allein nach zwölftausend Jahren wird er uns
im Meridian südlich stehen **).

Die Koluren sind zwei größte Kreise, die sich in den
Polen unter rechten Winkeln durchschneiden; die Axe geht
daselbst durch sie hindurch. Sie sind hauptsächlich angebracht, um den Aequator, die Wende- und Polarkreise
mit einander zu verbinden. Der eine geht durch die Ae-
quinokzialpunkte und heist der Kolur der Nachtgleichen, der
Kolur der Sonnenstilstände geht durch die beiden Solstizialpunkte der Ekliptik; der leztere geht auch zugleich
durch die Pole der Ekliptik, wie schon oben gesagt worden ist.

Die Wendekreise sind zwei mit dem Aequator parallele Zirkel, die durch die Solstizialpunkte gehen, und daher
überal von dem Aequator um 23 Grad 28 Minuten entfernt sind. Sie haben ihren Namen von dem griechischen
Worte Trepein welches Umkehren bedeutet, weil sich
die Sonne, wenn sie an diese Kreise gekommen ist, wider
gegen den Aequator wendet. Einer von ihnen gehört zur
nördlichen Halbkugel und heist der Wendekreis des Krebses, weil er durch den Punkt geht, wo sich das Zeichen des
Krebses anfängt; der andre ist südlich, man nent ihn
aus einer ähnlichen Ursache den Wendekreis des Steinboks.

Die

*) Bis auf das Jahr 2102; alsdan wird er dem Pol
am nächsten stehen, und noch keinen halben Grad von
ihm entfernt sein.   d. U.
**) So werden nach und nach immer andre Sterne zu
Polarsternen werden; wenn man einen Stern von der
fünften Größe nicht rechnen wil, so wird der nächste,
der Stern dritter Größe im Knie des Kefeus sein, der
ungefähr in 2000 Jahren die Stelle des Polarsterns
einnehmen wird, wiewohl er dem Pol nicht so nahe
kommen wird, wie der jezige Polarstern. Ungefähr
2800 Jahr vor Christus Geburt, stand der Stern zwei-
ter Größe im Schwanz des Drachen gerade im Nordpol.   d. U.

Die Polarkreise sind zwei kleine Zirkel die durch die Pole der Ekliptik gehen, sie sind gleichfals mit dem Aequator parallel, und von dessen Polen überal um 23 Grad 28 Minuten entfernt.

Man mus sich noch mehrere andere Kreise denken, die man auf der Armillarssäre, um sie einfacher zu machen, nicht mit angebracht hat, dergleichen sind an der unbeweglichen Kugel, die Stundenkreise, die Vertikal oder Azimutalkreise und die Almikantaräts; In der beweglichen Kugel, die Abweichungs= und Breitenkreise, und die Parallelkreise mit dem Aequator und der Ekliptik.

Die Stundenkreise gehen durch die Pole des Aequators, es sind ihrer zwölfe für die ganzen Stunden, und sie durchschneiden den Aequator von 15 zu 15 Graden. Man hat Mittag oder Mitternacht, wenn die Sonne unter oder über dem Horizont in dem Meridian kömt; ein, zwei, drei ff. Uhr, wenn die Sonne in dem ersten, zweiten, dritten ff. dieser Kreise ist. Die Zahl der mitlern Stundenkreise ist unendlich, da man sich für jeden Augenblik einen denken kan. Denkt man sich für jeden Augenblik einen Halbkreis in der unbeweglichen Kugel, der durch beide Pole und die Sonne geht, so gibt der Winkel, den dieser Kreis mit dem Meridian macht, die Stunde an, wenn man auf jeden Grad des Winkels vier Minuten Zeit, auf jede Minute des Winkels vier Sekunden Zeit u. s. f. rechnet, weil nämlich die Sonne alle 360 Grade in 24 Stunden durchläuft, so kommen 15 Grad auf eine Stunde u. s. f. Hieraus sieht man, wie man Teile der Zeit in Bogen des Aequators, und umgedreht, verwandeln kan, für das Erste gibt man jeder Stunde, Minute, Sekunde ff. 15 Grad, Minuten, Sekunden ff. für das zweite; jedem Grad, jeder Minute, Sekunde ff, 4 Minuten, Sekunden, Terzen ff. Allemahl gibt der Winkel am Pol die Stunde, und wenn man an einem bestimten Ort, an einem gegebnen Tag die Höhe

der

der Sonne über dem Horizont weis, so findet man durch die Trigonometrie den gedachten Winkel und daraus die Stunde.

Um diesen Winkel auf der Armillarsfäre zu bestimmen bringt man manchmahl an den Meridian einen kleinen Kreis an, der um den Pol herum geht, und in Stunden eingeteilt ist; an die Are, die deswegen über den Meridian herausgeht, befestigt man einen Zeiger, der sich mit der beweglichen Kugel herumdreht. Man mus aber verhindern, daß sich die Erde nicht mit dieser Are dreht, und daß der gedachte Kreis und Zeiger die Stellung des Meridians und seiner Pole gegen den Horizont nicht verrüken können. Diese Kreise geben die Zeit an, welche zu einem bestimten Teil der Umwälzung der Kugel gehört. Allein man mus bemerken, daß dieses nicht die wahre Sonnenzeit ist, die nicht alle Tage das ganze Jahr durch gleich groß, allemahl aber länger ist, als die Sternzeit. Die tägliche Umdrehung des Himmels, die von der Umdrehung der Erde um ihre Are verursacht wird, geschieht beständig in derselben Zeit, wenigstens wissen wir keinen Grund das Gegenteil davon zu vermuten, ob es gleich auch noch keinen Beweis davon gibt. Allein, wenn heut ein Punkt des Firsternenhimmels, bei dem gestern die Sonne war, in den Meridian kömt, so ist die Sonne nun nicht mehr da, sondern beinahe einen Grad gegen Morgen fortgerükt, daher kömt sie erst fast vier Minuten später in dem Meridian, und ein Tag Sternzeit ist fast vier Minuten kürzer, als ein Tag Sonnenzeit.

Dieser Unterschied des Sonnentages und des Sterntages ist nicht alle Tage das ganze Jahr durch gleich groß, und das aus drei Ursachen: 1) weil die Sonne nicht alle Tage in der Ekliptik um eine gleiche Anzahl Minuten und Sekunden fortrükt; 2) weil die Ekliptik nicht in allen ihren
ren

ren Teilen der Richtung, welche die tägliche Umbrehung folgt, völlig entgegen gesezt ist; in den Solstizen ist sie es, allein den übrigen Punkten ist ihre Richtung gegen den Aequator geneigt, und in den Nachtgleichen ist der Neigungswinkel am größten. 3) Weil ein Grad der Ekliptik, der in den Aequinokzien einen bestimten Bogen der täglichen Umdrehung oder des Aequators gleich ist, in den übrigen Parallelen größer ist, und dieser Unterschied wird in den Solstizen unter den Wendekreisen am größten. Daher folgt der Unterschied zwischen der mitlern und wahren Sonnenzeit. Ein wahrer Sonnentag beträgt die Zeit, die wirklich zwischen zwei nächsten Mittagen verfliest; und diese ist zu verschiedenen Zeiten des Jahres verschieden. Eine gleichförmige Messung der Zeit ist zum Gebrauch bei den astronomischen Rechnungen ungleich geschikter. Aus dieser Ursache denkt man sich eine andre Sonne, welche ihre täglichen Umdrehungen mit beständig gleichförmiger Geschwindigkeit volbringt, und so alle Ungleichheiten der wahren Sonnenzeit aufhebt; die Zeit, welche zu dieser Sonne gehört, nent man die mitlere. Also ist ein Tag bald länger bald kürzer als ein wahrer Tag. Er ist um 3 Minuten 56 Sekunden länger als ein Sterntag. Man stelt sich vor, daß beide Sonnen zu gleicher Zeit von einem Meridian ausgehen, und nent nun die Größe, um welche in jedem andern Augenblik, die wahre Zeit der einen von der mitlern Zeit der andern unterschieden ist, die Gleichung. Da man diesen ersten Augenblik des gemeinschaftlichen Ausrükkens aus dem Meridian nach Gefallen annehmen kan, so kan man auch sehr verschiedene Tafeln für die Gleichung der Zeit auf alle Tage des Jahres berechnen, und sich derselben zur Redukzion der wahren Zeit in die mitlere, und umgekehrt, bedienen. Man kan die Tafeln so einrichten, daß diese Gleichung für eine von beiden Operazionen beständig positif oder beständig negativ

B 4

-tif, oder bald positif, bald negatif ist; durch welches lezterè
ihr Maximum um die Hälfte vermindert wird. Man macht
sie gewöhnlich auf die lezte Art, weil man sie unmittelbar
aus einen leichtern Rechnung findet. Ist diese Gleichung
für die eine von beiden Operazionen positif, so ist sie für
die andre negatif. In der Pariser Connoissance des
temps *) wird jeden Tag die mitlere Zeit an dem wahren
Mittage bemerkt, und aus dieser Angabe findet man das,
was man zu beiden Operazionen braucht. Man bedient
sich derselben nicht bloß zu astronomischen Rechnungen,
sondern auch zu Berichtigung des Gangs der Uhren,
welche heut zur Tage mehr als die Sonne gebraucht werden, um die so nüzliche Gleichförmigkeit in einer guten Messung der Zeit zu erhalten.

Für einen Seefahrer ist dieser Unterschied zwischen
der mitlern und der wahren Zeit sehr nohtwendig. Vorzüglich muß man sie, und die Differenz der mitlern Sonnenzeit von der Sternzeit wissen, wenn man aus der beobachteten Höhe eines Firsterns die Stunde zu wissen verlangt. Auch in der ganzen Astronomie unterscheidet man
eine mitlere gleichförmige Bewegung, von einer wahren
ungleichförmigen, und gebraucht die Gleichung, welche
die Differenz zwischen beiden angibt, und die Ungleichheiten der leztern zu berichtigen dient. Man berechnet erst
den mitlern Ort, nach der mitlern Bewegung, die zu der
mitlern Zeit gehört, welche nach einer Epoche verflossen
ist, für welche man einmahl den mitlern Ort bestimt hat,
und alsdan macht man die Berichtigung, die man aus
einer oder mehrern Tafeln der verschiedenen Gleichungen
nimt, welche alle Ungleichheiten, die sich in der Bewegung
eines Planeten finden, enthalten. Die große Anzahl dieser

*) In den Berliner astronomischen Jahrbüchern. d. U.

ser Gleichungen macht die Berechnung für den Mond so lang und so verwickelt *).

Die Vertikalkreise gehen durch das Zenit und Nadir, und bestimmen das Azimut eines Sterns. Diesen Namen gibt man dem Punkte des Horizonts über welchem ein Stern steht. Auf eine leichte Art kan man ihn bestimmen, wenn man einen Faden senkrecht bis auf den Horizont herabhängen läst, und das Auge so hält, daß der Faden durch den Stern geht; die Fläche, welche durch das Auge und den Faden geht, bezeichnet am Himmel einen Vertikalkreis, und am Horizont das Azimut des Sterns. In diesen Kreisen nimt man auch die Erhöhung eines Sterns über dem Horizont, oder seine Höhe, und seine Entfernung vom Zenit, welche der ersten Komple-

B 5   ment,

*) Für die Hauptplaneten ist die Rechnung weit einfacher. Man hatte sonst nur Eine Gleichung, hernach hat man mehrere kleine hinzugesezt, die aus der gegenseitigen Anziehung herkommen; diese sind vorzüglich bei dem Jupiter wichtig, weil die Verfinsterungen seiner Trabanten auch von den Ungleichheiten in seiner Bewegung abhängen. Allein, wenn man aus ihrer mitlern Bewegung und den Gleichungen ihren heliozentrischen Ort (an dem sie nämlich stehen würden, wenn man sie aus der Sonne sehen könte) gefunden hat, so mus man daraus ihren geozentrischen herleiten. Man findet diesen vermittelst eines ebenen Triangels, dessen Spizen in der Sonne, in dem Planeten und in der Erde sind; da man die Bewegung der Erde und der Planeten um die Sonne kent, so weis man zwei Seiten, welches die Entfernungen der leztern von den erstern sind, und den Winkel den sie einschliessen; man findet daraus die Entfernung des Planeten von der Erde, und den Winkel an derselben, daraus ergibt sich der geozentrische Ort des Planeten. Man hat auch besondre Tafeln für die Bewegungen der Jupiterstrabanten, mit den Gleichungen, um die Ungleichheiten in denselben berichtigen, und die Zeit der Verfinsterungen berechnen zu können.

ment, das ist, Ergänzung zu 90 Graden ist; so wie man
auch in demselben Zirkel die Tiefe eines Sterns unter dem
Horizont bestimmen mus. Die Amplitude ist
die Entfernung des Aufgangspunkts vom Morgen-
oder des Untergangspunkts vom Abendpunkte. Man
sieht leicht, daß in dem wahren Augenblik des Auf-
oder Untergangs eines Sterns seine Höhe Nul ist, und
daß sein Azimut seine Morgenweite bestimt, in dem östli-
chen Halbkreise des Horizonts; und ein andres die Abendweite, in dem westlichen Halbkreise. Die Höhe wird durch
die Parallaxe vermindert, und durch die Refrakzion vermehrt, beide geschehen in demselben Vertikalkreise, wenn
man die Erde sfärisch annimt. Auch die Morgenweite
wird durch sie unrichtig, ob sie gleich das Azimut nicht
verändern, ausser was die Zeit betrift, weil sie den Augenblik des scheinbaren Auf- und Untergangs ändern, den ersten beschleunigen sie, und den lezten verspätigen sie um
mehrere Minuten. Bei der Seefahrt braucht man das
Azimut und die Amplituden um die Abweichung der
Magnetnadel bestimmen zu können.

Unter den Vertikalkreisen ist der merkwürdigste der
Meridian, in welchem die Höhe eines Pols, und die Tiefe
des andern unter dem Horizont, gemessen wird; da aber
dieser schon einen Namen hat, so nent man den ersten Vertikalkreis benjenigen, der auf ihn senkrecht steht, und durch
die beiden Kardinalpunkte des Horizonts im Morgen und
im Abend gezogen wird. Wenn man die Höhe
in einem Vertikalkreise beobachtet, so kan man,
wie wir schon gesagt haben, daraus die Stunde bestimmen,
beobachtet man sie aber in dem Meridian selbst, so dient
sie die Breite eines Orts zu finden, wovon wir hernach
reden werden. Diese Höhe eines Sterns im Meridian,
wenn er zwischen dem Pol und dem Südpunkt des Horizonts zu stehen kömt, ist überhaupt die größte Höhe, auf
die er steigen kan, daher nent man dieses die **Kulmina-**
zion

zion eines Sterns, von dem lateinischen Wort Culmen; allein in dem übrigen Teile des Meridians, zwischen dem Pol und dem Nordpunkt des Horizonts, ist seine Höhe ein Kleinstes. Die Höhe verändert sich wenig, wenn der Stern in der Nähe des Meridians steht, an meisten aber bei dem Vertikalkreise. Aus dieser Ursache darf man sich der Höhen in der ersten Stellung nicht bedienen, um die Stunde daraus zu bestimmen, ungleich geschikter zu dieser Absicht ist die leztere Stellung, wenn die Höhe in diesem Kreise nicht zu gering ist, weil sie sonst, wegen der Ungewisheit und Unbeständigkeit der Stralenbrechung bei dem Horizont, fehlerhaft wird.

Eine gute Refrakzionstafel ist dem Astronomen vorzüglich nohtwendig. Man hat dergleichen berechnet, und man ist, in Ansehung der Refrakzion, in einer Entfernung mehrerer Grade von dem Zenit, hinlänglich übereinstimmend. Allein in einer größern Entfernung ist man noch sehr ungewis, so woll was die mitlere Refrakzion, als was die Berichtigungen anbetrift, die man für jeden Stand des Barometers und Termometers noch damit vornehmen mus. Man köte ein vortrefliches Instrument verfertigen, wodurch sich alles dieses bestimmen läst, ohne eine einzige Hipotese dabei anwenden zu dürfen, wie man gewöhnlich zu tun genöigt ist. Tycho hatte ein ähnliches, allein es war weit unvolkomner als man es jezt machen kan, welches ohne Vervolkomnung der Pendel nur wenig Nuzen haben würde*). Es besteht dieses Instrument aus einem großen Azimutalzirkel, ungefähr wie der Horizont an einer Armillarsfäre, mit einer
senk-

*) Ich habe von diesem Instrumente und von seinem vorteilhaften Gebrauch bei der Bestimmung der Refrakzionen weitläuftiger gehandelt, in der zehnten Abhandlung des zweiten Bandes und in der sibenten des vierten Bandes meiner optisch-astronomischen Schriften.

senkrechten Axe, an welcher ein vertikaler Quadrant befestigt ist, so daß er sich um selbige drehen kan. An diesem Instrument würde eine einzige Beobachtung, das Azimut, auf welches die Refrakzion keine Wirkung hat, und die scheinbare Höhe, die bei den Firsternen bloß durch die Refrakzion verändert wird, geben; daraus fände man die Lage des Meridians. Wenn man eine gute Pendeluhr zur genauen Messung der Zeit dabei hätte, so würde man dadurch die Polhöhe, die wahre Entfernung des Firsterns vom Pol, und seine wahre Höhe für einen gegebenen Augenblik finden, und das alles unabhängig von irgend einer Hipotese, ausgenommen daß man die Gleichförmigkeit in der täglichen Umdrehung binnen 24 Stunden voraussezt, welche gewis genug ist. Vermittelst der Trigonometrie fände man alsdan die wahre Höhe des Firsterns für einen gegebenen Augenblik; der Unterschied zwischen der berechneten und der beobachteten Höhe würde die Refrakzion angeben, und da man eine sehr große Anzahl von dergleichen Beobachtungen in Einer Nacht machen kan, so würde man zu aller erwünschten Sicherheit über diesen Gegenstand gelangen können. Ein solches Instrument würde in allen Teilen der Astronomie mit großem Vorteil angewendet werden können.

Die Almikantarats sind Parallelkreise des Horizonts, und haben daher das Zenit und Nadir zu ihren Polen. Alle Sterne die sich in Eihem Almikantarat befinden, stehen gleich hoch. Unter diesen Kreisen ist einer vor andern merkwürdig; er gehört zur Bestimmung der Dämmerung. Man zieht ihn achtzehn Grad unter dem Horizont, weil man glaubt, daß die Morgendämmerung anfängt, und die Abenddämmerung aufhöret, wenn die Sonne in dieser Entfernung von dem Horizont steht. Doch verändert sich dieser Abstand mit der Beschaffenheit der Atmosfäre. Auch wenn man diese achtzehn Grad annimt, ist

die

Die Dauer der Dämmerung zu verſchiedenen Jahrszeiten
verſchieden. Unterdeſſen berechnet man ihre Dauer nach
dieſer Hipoteſe, und beſtimt auch ihr Kleinſtes, für jede
Polhöhe.

In der beweglichen Kugel ſind die Breiten- und Abweichungskreiſe, die Parallelzirkel mit der Ekliptik und
dem Aequator; ſie ſind ſehr wichtig, da man durch ſie die
Lage der Geſtirne auf zwei verſchiedene Arten beſtimmen
kan, nämlich entweder durch die Länge und Breite, oder
durch die gerade Aufſteigung und Abweichung; beide muß
man wohl kennen, und von einander unterſcheiden. Die
Breitenkreiſe gehen durch die Pole der Ekliptik, und ſtehen daher auf die leztere ſenkrecht; die Abweichungskreiſe
gehen durch die Pole des Aequators, und ſtehen auf dieſem perpendikular. Die Länge iſt der Bogen der Ekliptik, vom Anfangspunkte des Widders gegen Morgen,
bis an den Halbkreis der Breite, der durch den Stern
geht, das iſt, bis an den Punkt der Ekliptik, der ihm
gegenüber ſteht. Die Breite iſt der Bogen des gedachten Halbkreiſes, der zwiſchen den Stern und der Ekliptik enthalten iſt, alſo ſeine Entfernung von der Ekliptik.
Die gerade Aufſteigung iſt der Bogen des Aequators,
der von dem Anfangspunkte des Widders gegen Morgen bis
an den Halbkreis der Abweichung geht, der durch den
Stern gezogen worden, und die Abweichung iſt wider der
Bogen dieſes Kreiſes zwiſchen dem Stern und dem Aequator. Wenn die Länge und Breite eines Sterns und die
Neigung der Ekliptik bekant ſind, ſo findet man durch die
ſfäriſche Trigonometrie die gerade Aufſteigung und Abweichung; und ſo auch umgekehrt. Die beiden leztern
ſind vorzüglich wichtig für einen Seefahrer, beſonders die
zweite derſelben, weil ſie dient, aus der bekanten Höhe
eines Sterns im Meridian, die geografiſche Breite eines
Orts zu finden, wovon wir hernach reden werden. Ver-
mittelſt der geraden Aufſteigung beſtimt man für alle Tage
des

des Jahres den Augenblik in welchem ein Stern in den Meridian kömt. Man sieht leicht, daß die Länge und die gerade Aufsteigung fortgezählt werden bis auf 360 Grad; daß hingegen die Breite und Abweichung nicht höher, als auf neunzig Grad gegen den Nordpol und Südpol steigen kan; auch mus man nördliche Abweichung und Breite, und südliche Abweichung und Breite von einander unterscheiden.

Alle Abweichungskreise gehen nach und nach in 24 Stunden unter jedem der Stundenkreise durch, und bringen daher jeden Punkt der Ekliptik unter den Meridian; man beobachtet daselbst die Abweichung der Sonne für den Augenblik wenn sie sich in demselben befindet. Das Vorrükken der Nachtgleichen, eine zwar ebenfals große aber sehr langsame Bewegung, geschieht in Kreisen, welche mit der Ekliptik parallel sind. Die Firsterne haben daher nur eine sehr kleine Veränderung der Breite, die von andern kleinen scheinbaren Bewegungen hewirkt wird, und so viel man an einigen Sternen der ersten Größe bemerkt hat, auch von einer wirklichen Bewegung, die zwar in der Taht sehr langsam ist, nach mehreren Jahrhunderten aber doch sehr merklich wird.

Die Parallelzirkel des Aequators sind die Kreise, in welchen die tägliche Umdrehung geschieht, und über jedem derselben kan man sich einen andern in der unbeweglichen Kugel denken, der binnen 24 Stunden von jedem Punkt der beweglichen Kugel an jener Oberfläche beschrieben wird. In diesen Parallelkreisen berechnet man die Tagebogen und Nachtbogen, dies sind ihre beiden Teile, die, wenn sie von dem Horizont geschnitten werden, sich über und unter demselben befinden.

Die Wende- und Polarkreise sind Zirkel von der leztern Gattung. Sie bestimmen die Zonen, deren fünfe
sind,

ſind, eine heiſe, welche die Sonne nie verläſt; zwei gemä-
ſigte, die auf beiden Seiten von den Wende- und Polarkreiſen eingeſchloſſen werden, und zwei kalte Zonen; leztere ſind nicht ſo wohl Zonen (Gürtel) als vielmehr eine
Art Müzen, die überal von den Polarkreiſen begrenzt ſind,
Auf der Oberfläche der Erde ſind ſie für die Geografie äuſſerſt wichtig; ſie haben ihren Namen von der ungleichen
Wärme die in ihnen herſcht, erhalten.

Zwei andere Kreiſe von dieſer Gattung ſchlieſſen die
Sterne ein, die entweder beſtändig über unſerm Horizont
erhoben ſind, oder nie über demſelben aufgehen. Dieſe
gehören zur ſchiefen Sfäre; doch bevor wir von den
verſchiedenen Stellungen der Sfäre ſprechen können, müſſen wir noch einiges von den Zirkeln, die man in Gedanken auf der Oberfläche der Erde zieht, erinnern.

Man denkt ſich auf derſelben, wie wir ſchon geſagt
haben, den Aequator mit ſeinen Polen und ſeinen Paral-
lelkreiſen; unter dieſen die beiden Wende- und Polarkreiſe;
ferner die heiſe Zone zwiſchen den Wendekreiſen; die beiden gemäßigten zwiſchen den Wende- und Polarkreiſen;
und die beiden kalten Zonen die von den Polarkreiſen eingeſchloſſen werden. Auch denkt man ſich von einem Pol
bis zum andern gezogne Halbkreiſe, die daher den Aequator
unter rechten Winkeln durchſchneiden; man nent ſie Meridiane, weil alle Oerter, die unter Einem Erdmeridian
liegen, zu gleicher Zeit Mittag haben. Unter dieſen Meridianen wählt man einen, und nent ihn den erſten Meridian, von ihm an rechnet man die Länge der Oerter,
welche nichts anders iſt, als der Bogen des Aequators, der zwiſchen dem Meridian, der durch einen beſtimten Ort geht, und dem erſten Meridian, enthalten iſt; gewöhnlich wird die Länge öſtlich gerechnet, das heiſt, man
miſt den Bogen des Aequators zwiſchen den beiden gedachten Meridianen, der den erſten Meridian gegen Morgen

gen ligt. Der Bogen eines Erdmeridians zwischen einem unter ihm befindlichen Orte und dem Aequator, heist dieses Orts Breite; die Breite eines Orts ist also seine Entfernung vom Aequator. Man sieht hieraus, daß Länge und Breite auf der Erde nicht das sind, was Länge und Breite am Himmel ist, erstere kommen vielmehr mit der geraden Aufsteigung und Abweichung überein. Der erste Meridian ist in den französischen Karten zwanzig Grad westlich von Paris gezogen; er ist sehr wenig von dem unterschieden, der durch das Westende der Insel Ferro geht, und welcher nach dem Befehl Ludwigs XIII. der erste sein solte. Die Länge auf diese Art gerechnet, geht bis auf 360 Grad, und ist beständig östlich, die Breite hingegen steigt nicht über neunzig Grad, und ist entweder nördlich oder südlich. Man rechnet die Länge auch nach Stunden, so daß funfzehn Grad eine Stunde betragen; man sieht daß an Oertern, die eine um 15, 30, 45 Grad grössere oder kleinere Länge haben, auch ein, zwei, drei Stunden eher oder später Mittag sein mus, und daß, wenn man die Stunde weis, die man an zwei Oertern zu gleicher Zeit zählt, man daraus leicht den Unterschied der Längen finden kan. Die Engelländer zählen ihre Längen von dem Londner Meridian, und unterscheiden östliche und westliche Länge. Auch die französischen Astronomen zählen die Längen von dem Meridian der pariser Sternwarte. Antipoden nent man Oerter die um den Durchmesser der Erde von einander entfernt sind, ihre Längen sind um 180 Grad unterschieden, ihre Breiten sind gleich, aber entgegengesezt, die eine südlich die andre nördlich.

Es gibt drei Stellungen der Sfäre, die gerade, die schiefe, und die parallele. In der geraden (senkrechten) Sfäre, so wie sie alle unter dem Aequator (der Linie) wohnende Völker sehen, liegen die Pole in dem Horizont, welcher den Aequator und alle seine Parallelkreise unter

rechten

rechten Winkeln in zwei gleiche Teile teilet. Alle Tag-
und Nachtbogen sind von 180 Grad, daher ist immer eine
Hälfte der Gestirne über, und die andre unter dem Horizont; alle Sterne gehen täglich auf und unter, und zwar
senkrecht auf den Horizont. Es ist daselbst eine immer-
während Tag- und Nachtgleiche, wenn man eine geringe
Verlängerung des Tages, die von der Refrakzion und der
Senkung des sichtbaren Horizonts verursacht wird, nicht
rechnen wil. Zweimahl des Jahres steht die Sonne des
Mittags im Zenit, nämlich in den Aequinokzien; der
Mittelpunkt der Sonne ligt alsdan selbst im Zenit, wenn
das Aequinokzium in dem Augenblik des Mittags eintrit.

Die parallele Sfäre gehört zu den beiden Erdpolen.
Einer von den Himmelspolen ist im Zenit, der andre im
Nadir; der Aequator ist im Horizont, und alle Parallel-
kreise der täglichen Bewegung, sind dem Horizont selbst
parallel. Man sieht daselbst beständig Eine Hälfte der
Himmelsfläche, die andre ist beständig unter dem Horizont.
Die Firsterne gehen nie auf und nie unter. Für einen
Einwohner des Nordpols gehen die Planeten auf, wenn
sie durch den Aequator gehen, und ihre südliche Abweichung in nördliche verwandlen, und sie gehen nicht eher wider unter, als bis sie wider durch den Aequator gehen.
Eben so geht die Sonne in der Frülingsnachtgleiche auf,
und macht ein Halbjahr Tag, im Herbstaequinokzium geht
sie wider unter, und macht eine Nacht von sechs Monaten;
unterdessen wird diese lange Nacht durch zwei Dämmerungen von beinahe 50 Tagen, und durch den Mond, der
während jeder Revoluzion 14 Tage über den Horizont
bleibt, etwas verkürzt. Dieses Schauspiel ist für keinen
Menschen, da beide Pole unbewohnbar sind.

Die schiefe Sfäre findet für alle übrigen Punkte der
Erdoberfläche stat, und sie ist, nach dem der Ort mehr
oder weniger von dem Aequator entfernt ist, mehr oder we-

niger

niger schief. Einer der beiden Pole befindet sich über dem Horizont, zwischen diesem und dem Zenit, der andere, unter dem Horizont, steht zwischen diesem und dem Nadir. Der Pol welcher bei uns sichtbar ist, ist der Nordpol, er steht nördlich von unserm Zenit, der Aequator südlich. Die Entfernung des Aequators von dem Zenit, ist eben so groß als die Breite des Orts, und allemahl der Polhöhe gleich, da eine so wohl als die andre, die Ergänzung des Bogens ist, um welchen das Zenit von dem Pol absteht; eben so ist die Höhe des Aequators die Ergänzung des Bogens, um welchen der Aequator von dem Zenit absteht, sie ist daher der Entfernung des Pols von dem Zenit gleich, und so die Ergänzung der Polhöhe und der Breite. Man sieht daher, daß wenn man die Abweichung eines Sterns weis, und seine Höhe im Meridian beobachtet, man durch die Ergänzung dieses Bogens, welche des Sterns Abstand vom Zenit ist, leicht die Entfernung des Aequators vom Zenit, und dadurch die Breite des Orts findet.

In der schiefen Sfäre wird der Aequator allemahl, die Schiefe mag so groß oder so klein sein als sie wil, von dem Horizont in zwei gleiche Teile geteilt; die übrigen Parallelkreise hingegen werden um so ungleicher geschnitten, je weiter sie von dem Aequator entfernt sind, bis man auf den kömt, welcher den Horizont berührt. Dieser schließt alle Sterne ein, welche entweder immer über dem Horizont stehen, oder nie über denselben heraufsteigen. Die andern Parallelkreise werden so von dem Horizont geschnitten, daß die Tagbogen und Nachtbogen einander ungleich sind. Daher ist in den Aequinokzien für alle Teile der Erde Tag und Nacht einander gleich.

Je weiter die Aequinokzien entfernt sind, destomehr werden die Tage und Nächte einander ungleich. Der längste Tag für uns, die wir die nördliche Halbkugel der Erde bewohnen, ist, wenn sich die Sonne in dem Solstiz des Krebses befindet; der kürzeste in dem entgegengesezten

Stande

Stande der Sonne, wenn ſie in dem Solſtiz des Steinboks iſt. Unter den Polarkreiſen verſchwindet die Nacht
zwiſchen zwei auf einander folgenden Tagen; und jemehr
man ſich den Polen nähert, deſto größer wird die Anzahl
der Tage, oder der Monate, die einen einzigen Tag aus-
machen, wenn ſich die Sonne in dem erſten Solſtiz befindet; eben ſo verhält es ſich in Rükſicht der Nacht, wenn
die Sonne in dem andern Solſtiz ſteht. Für die Bewoh-
ner der ſüdlichen Halbkugel finden dieſelben Erſcheinungen
ſtat, nur in entgegengeſezter Ordnung. Die Dauer des
längſten Tages beſtimt die Klimate. Die beiden Par-
allelkreiſe (der nördliche und ſüdliche) unter welchen der
längſte Tag zwölf und eine halbe Stunde lang iſt, begrän-
zen das erſte Klima; wo der längſte Tag dreizehn Stunden lang wird, hört das zweite Klima auf; und ſo zählt
man von halben Stunden zu halben Stunden fort, bis auf
den Polarkreis, welcher das vierundzwanzigſte Klima be-
gränzt. Man zählt noch ſechs andre bis an die Pole, in
welchen der Unterſchied des längſten Tages einen Monat
beträgt. Alſo ſind dreiſſig Klimate auf jeder Halbkugel.

Die Klimate tragen viel dazu bei, die Wärme und
Kälte eines Landes zu beſtimmen. Im algemeinen ſind
die Länder, die am weiteſten von dem Aequator entfernt
ſind, auch am kälteſten. Denn die Stralen der Sonne,
die daſelbſt nicht ſo hoch über den Horizont ſteht, müſſen
einen größern Weg durch die Atmosfäre zurüklegen, wodurch ſie ſehr geſchwächt werden, auch fallen weniger Stralen auf die Oberfläche der Erde, weil leztere mit der Rich-
tungslinie der erſteren einen ſchiefen Winkel macht. Dieſe
beiden Urſachen, und der längere Aufenthalt der Sonne
über dem Horizont, verurſachen auch den Unterſchied zwiſchen der Wärme des Sommers und der Kälte des Winters;
und zum Glük für unſre Halbkugel iſt die Sonne in unſerm Sommer weiter von der Erde entfernt als in unſerm
Winter, da in Rükſicht der ſüdlichen Halbkugel das Ge-

genteil

genteil stat findet *). Allein durch die besondre Beschaffenheit der Oerter leidet diese algemeine Regel eine große Einschränkung. Gebirge, Beschaffenheit der Luft und Winde verändern viel. Die Bergkette der Kordiljeras in Peru, mitten in der heisen Zone, sind beständig mit Schnee bedekt. Qvito, beinahe unter dem Aequator, genießt einen immerwährenden Frühling. In dem mitternächtlichen Amerika ist in demselben Klima die Kälte ungleich strenger als bei uns **).

Auf dem Globus zölestis zieht man alle Kreise der beweglichen Kugel, den Aequator, die Ekliptik, die Wende= und Polarkreise, die beiden Koluren, und ausserdem noch Abweichungs= und Breitenkreise, mit den zur Ekliptik und dem Aequator, oder nur zu einem von beiden gehörigen Parallelkreisen. Ein in einem festen Horizont ruhender Meridian trägt die Kugel an beiden Polen. Einen änlichen Meridian und Horizont macht man für den Globus terrestris; man beschreibt auf demselben den Aequator, die Wende= und Polarkreise, Parallelkreise des Aequators, und Meridiane von zehn zu zehn, oder von fünf zu fünf Graden.

Auf dem Globus zölestis verzeichnet man die Sternbilder und trägt die Firsterne an ihren Stellen ein; da sie aber nicht immer einerlei Stellung gegen den Aequator behalten, so mus man sich alle Firsterne, rükwärts oder vorwärts, parallel mit der Ekliptik, fortgerükt denken (in dem Verhältnis daß auf 72 Jahr ein Grad kömt) nachdem die Zeit für welche man den Stand der Firsterne wissen wil, der Epoche für welche der Globus gemacht ist, vorhergeht oder folgt; so wie auch die Neigung der Ekliptik

gegen

---

*) Auf die Wärme unsrer Jahrszeiten hat wohl dieser Unterschied in der Entfernung der Sonne keinen Einflus; alles was er verursacht, ist daß unsre Sommer um einige Tage länger sind, als unsre Winter. d. U.

**) Und in dem südlichen in gleicher Breite. d. U.

gegen den Aequator nach einem langen Zeitraum sich um
etwas ändert. Diese Ursachen, so wie auch überhaupt die
geringe Größe der Maschine, machen, daß man die Auflösung der Aufgaben, für welche man sich derselben bedient,
nur beinahe erhält; für eine größere Genauigkeit werden
nohtwendig die sfärische Trigonometrie und berichtigte Elemente erfordert.

Es gibt eine Menge Aufgaben, die man, wenn keine
große Genauigkeit verlangt wird, durch die Armillarsfäre
und den Globus lösen kan. Bringt man einen Punkt der
Ekliptik auf beiden Maschinen, oder einen Stern auf dem
Globus unter dem Meridian, so kan man seine Abweichung, oder seine Entfernung von dem Aequator, und seine
gerade Aufsteigung, welche von dem Meridian auf dem
Aequator bestimt wird, dadurch entdekken. Eben so findet man auf dem Globus terrestris die Länge und Breite
eines Orts. Erhebt man den sichtbaren Pol auf die Höhe,
welche dem Ort wo man sich befindet, zukömt, und drehet
man alsdan den Globus um, so sieht man, welche Sterne
für diesen Ort niemahls unter, und welche niemahls aufgehen. Für die Sonne und für jeden Firstern der auf-
und untergeht, sieht man die Morgen- und Abendweite,
wenn man seinen Ort in den Horizont bringt. Wenn man
den Punkt des Aequators bemerkt, der sich alsdan unter
dem Meridian befindet, und hierauf den Punkt desselben,
der sich dan daselbst befindet, wenn man den Ort des
Sterns selbst unter dem Meridian bringt, so gibt die Entfernung dieser beiden Oerter auf dem Aequator den halben
Tagbogen des Sterns, und folglich auch seinen halben
Nachtbogen, welcher des ersten Differenz von 180 Graden ist. Verwandelt man den halben Tagbogen in Zeit,
funfzehn Grad auf eine Stunde gerechnet, so hat man den
Auf- und Untergang der Sonne ; für den Untergang der
Sonne nimt man die gefundne Zahl selbst, für den Auf-

C 3   gang

gang ihren Reſt von zwölf Stunden *). Wenn man den Punkt des Aequators bemerkt, der an einem beſtimten Tage mit der Sonne in dem Meridian kömt, und man dreht den Globus gegen Abend, bis der Ort eines Sterns in den öſtlichen Halbkreis des Horizonts, oder in den Meridian, oder in den weſtlichen Halbkreis kömt, und bemerkt auch den Punkt des Aequators der ſich alsdan in dem Meridian befindet, ſo hat man die Anzahl Grade, welche während der Zeit durch den Meridian gegangen ſind, und verwandelt man dieſen Bogen in Zeit, ſo hat man die Stunde des Aufgangs, der Kulminazion, und des Untergangs von dieſem Stern, da aber die Sonnenzeit von der Sternenzeit verſchieden iſt, ſo mus man für jede ſechs Stunden eine Minute abziehen. Die Stunde kan über 12 ſteigen, weil die Aſtronomen bis 24 Stunden zählen. Wenn daher die Zahl über zwölf Stunden ſteigt, ſo zeigt das was über zwölf iſt, die bürgerliche Stunde des Morgens von dem nächſtfolgenden Tage an. Um den Ort der Sonne für jeden Tag zu haben, zeichnet man auf den Tierkreis der Armillarſſäre neben der Ekliptik, oder auf den Horizont derſelben und auf den Horizont der Globen, die Monate des Jahres und teilet ſie in Tage ein, ſo daß der erſte Punkt des Widders bei dem zwanzigſten März zu ſtehen kömt, und der Anfangspunkt der andern Zeichen bei dem Tag, an welchem die Sonne in den mitlern Jahren in denſelben trit, weil das Schaltjahr, das aller vier Jahre einfält, der Zeit des Eintrits der Sonne in die Zeichen etwas verändert **). Was die Stunden betrift findet

---

*) Für die bürgerliche Zeit nämlich, denn der aſtronomiſche Tag hat eigentlich 24 Stunden, und geht von einem Mittog bis zum andern; für dieſen erhält man alſo den Aufgang der Sonne, wenn man den halben Tagbogen, in Zeit verwandelt, von 24 Stunden abzieht.
d. U.

**) Man zeichnet deswegen auch oft, ſtat eines ſolchen mitlern

bet man leichter durch den Stundenzirkel, einen kleinen in 24 Teile, oder zweimahl zwölf Stunden geteilten Kreis; man bringt ihn an den Polen an, und stelt seinen an der Are befestigten Zeiger auf 12, wenn der Ort der Sonne im Meridian ist.

Diese Ungleichheit des Schaltjahres kömt daher, weil die Sonne nicht nach einer ganzen Zahl von Tagen zu dem ersten Punkte des Widders zurükkömt, sondern nach 365 Tagen und beinahe sechs Stunden. Um daher das Aequinokzium beständig beinahe auf denselben Tag desselben Monats zu erhalten, schaltet man alle vier Jahr einen Tag ein. Da aber 365 Tage und 6 Stunden um ungefähr elf Minuten länger sind, als das eigentliche Sonnenjahr, so müssen die Aequinokzien aller vierhundert Jahr um ungefähr drei Tage zurükgehen. Gregor der Dreizehnte bestimte daher daß alle lezten Jahre eines Jahrhunderts, die eigentlich Schaltjahre sind, gemeine Jahre sein sollen, ausgenommen jedes vierhunderte Jahr, welches ein Schaltjahr bleibt *). Und um das Frülingsäquinokzium wider auf den Tag zu bringen, an welchem es zur Zeit des Nikänischen Konziliums eintraf, warf er im Oktober des Jahres 1582 zehn Tage aus dem Kalender, und lies vom vierten gleich auf den funfzehnten zählen. Daher kömt der Unterschied des neuen und alten Stiels, der seit dem Anfange dieses Jahrhunderts elf Tage beträgt. Der alte Stiel ist übrigens jezt nur noch in Rusland gebräuchlich.

C 4   Drit-

mittlern Jahres, oder auf einander folgende Jahre, neben der Ekliptik auf den Horizont.   d. U.

*) So sind die Jahre 1700, 1800 und 1900 gemeine Jahre, das Jahr 2000 hingegen wird ein Schaltjahr sein.
                                                        U.

Dritter Abschnit.

Von der wahren Bewegung der Sterne und ihrer fisischen Ursache.

Nach den Begriffen die man sonst von dem Weltgebäude hatte, dachte man sich ein holes sfärisches Gewölbe, an dessen innern Oberfläche die Firsterne befestiget wären; die Erde, glaubte man, befänd sich unbeweglich in dem Mittelpunkt desselben, das Gewölbe hingegen drehte sich von Morgen gegen Abend um seine Are, und teilte diese Bewegung den sfärischen Schichten innerhalb desselben, von denen jede den ihr zugehörigen Planeten enthielt, mit; diesen Schichten schrieb man wider eine eigne Bewegung zu, eine Umdrehung nämlich gegen Morgen, um Aren die etwas gegen einander geneigt wären; die periodische Zeit dieser Umdrehungen hielt man für um so länger, je größer ihre Entfernungen von der Erde wären. Um zu erklären warum die scheinbaren Durchmesser des Mondes und der Sonne zu manchen Zeiten größer oder kleiner wären als zu andern Zeiten, dachte man sich ekzentrische Kreise, das ist Kreise, deren Mittelpunkt ausserhalb der Erde läg, und nante die Entfernung dieses Mittelpunkts von der Erde die Ekzentrizität; den Halbmesser dieses Kreises, die mitlere Entfernung; den Durchmesser der durch die Erde ging, die Absidenlinie; das Ende dieses Durchmessers auf der Seite des Mittelpunkts, wo die Erde liegt, die Erdnähe; das entgegengesezte, die Erdferne; aus dieser ekzentrischen Stellung suchte man alle Irregularitäten zu erklären, die sich also nach dem Ende jeder Umdrehung wider erneuern musten. Man nahm die Erdferne für den Anfangspunkt, von welchem man diese Irregularitäten anrechnet, die man mit dem griechischen Worte Anomalie bezeichnet; man nante wahre Anomalie den Winkel, den die Richtung der

Erdferne,

Erdferne, und die Linie in welche sich der Planet in einem gegebenen Augenblik befindet, mit einander machen, und mitlere Anomalie den Winkel, den die Linie in welche der Planet gesehen wird, alsdan mit der Absidenlinie machen würde, wenn in gleichen Zeiten gleiche Winkel beschrieben würden.

Wie man bemerkte daß Ein ekzentrischer Zirkel nicht hinreichte, das Stilstehen und Rükgehen der Planeten zu erklären, so sezte man noch Epizikel dazu, das ist Kreise die ihren Mittelpunkt in dem Umfang der ekzentrischen Zirkel hatten; so war das alte Sistem beschaffen, das seinen Namen von dem Ptolemäus erhalten hat. Allein sobald man durch die Geometrie und Trigonometrie Mittel gefunden hatte, aus einer gewissen Anzahl von Beobachtungen, die Größe und Lage aller dieser Zirkel für jeden Planeten zu bestimmen, und daraus Tafeln der Bewegung zu ziehen, um den scheinbaren geozentrischen Ort für einen andern gegebenen Augenblik daraus zu finden, so bemerkte man einen erstaunenden Unterschied zwischen den Resultaten der Teorie und den Beobachtungen; man vermehrte nun die Anzahl dieser Kreise so erstaunend, und machte die Welt zu einer so verwikkelten Maschine, daß Alfons, König von Kastilien, der die Astronomie in Europa nach so viel finstern Jahrhunderten wider zu erheben suchte, zu dem Ausruf bewogen wurde, wenn er bei der Erschaffung der Welt gegenwärtig gewesen wäre; er würde einen viel bessern Plan angegeben haben, um in die ganze Maschine mehr Ordnung und Einfachheit zu bringen. Es war nicht Mangel an Ehrfurcht gegen den Urheber der Welt, was Alfonsen zu diesem Ausrufe bewog, er wolte nur über die sonderbaren Begriffe der alten Astronomen spotten, die er für wahre Träumereien hielt.

Unterdessen haben schon einige alte Filosofen das wahre Sistem erkant, sie haben die tägliche Umdrehung des Himmels

mels

mels einer Umbrehung der Erde um ihre Axe zugeschrieben; eben so die jährliche Bewegung der Sonne, einer jährlichen Bewegung der Erde um die Sonne in einer ekzentrischen Bahn, in welcher sie von dem Monde in einer gegen die Erde ekzentrischen Bahn begleitet wird; dem Mond schrieben sie eine periodische Bewegung von 27 Tagen in dieser Bahn zu; eine änliche Bewegung um die Sonne glaubten sie auch von den übrigen Planeten. Dieses ist das Sistem das Kopernik nach so viel Jahrhunderten wider erneuert hat. Nach ihm sind die Sonne und Firsterne unbeweglich*), und um die Sonne drehen sich sechs Planeten, Merkur am nächsten bei der Sonne, alsdan Venus, die Erde, Mars, Jupiter und Saturn, der am weitesten von der Sonne entfernt ist, und sich am langsamsten bewegt. Tycho suchte kurz darauf das Stilstehen der Erde wider zu verteidigen, er läst daher den Mond und die Sonne sich um die Erde bewegen, den fünf übrigen Planeten hingegen schreibt er eine Bewegung um die Sonne zu.

Wenn man die Fortpflanzung des Lichts aus der Acht läst, so lassen sich aus dem Tychonischen Sistem, wiewohl es ungleich verwikkelter ist, alle Erscheinungen volkommen eben so gut erklären, als aus dem Kopernikanischen Sistem; und alle Gründe die Galilei von den astronomischen Erscheinungen hergeleitet hat, können nicht das geringste für das Kopernikanische Sistem im Gegensaz des Tychonischen beweisen. Allein aus der Fortpflanzung des Lichts, und aus den fisischen Ursachen der Bewegung, die man jezt hat und die man mit den Erscheinungen immer

überein-

---

*) Das Sistem des Kopernik betrift nur die Anordnung der Planetenbahnen unter sich und gegen die Sonne, und es bleibt daher wahr, wenn gleich Bewegungen der Sonne und der Firsterne beobachtet werden. d. U.

ivereinſtimmender findet, folgen die Gründe, welche die
Nohtwendigkeit der täglichen und jährlichen Bewegung
der Erde beweiſen, wenn man nicht eine Hipoteſe anneh-
nen wil, die ich vor ungefähr vierzig Jahren bekant gemacht habe, bei welcher die Möglichkeit des entgegengeſezten Fals augenſcheinlich ſtat findet, welche aber äuſſerſt
unwahrſcheinlich iſt *).

Descartes ſuchte die fiſiſche Urſache der Planetenbe-
wegung in ſeinen Wirbeln, die nicht bloß deswegen geſun-
ken ſind, weil es eine ganz wilführliche Hipoteſe war, und
von den Erſcheinungen überhaupt genommen, nur eine
ſehr unbeſtimte Erklärung gab, ſondern auch weil man ſeit-
dem die wahre Bewegung der Kometen entdekt hat, welche
ohne den geringſten Widerſtand von dieſen eingebildeten
Wirbeln zu leiden, die Räume durchlaufen, welche dieſe
Wirbel erfüllen müſſen. **Newtons** Siſtem der algemeinen Gravitazion folgte an die Stelle von **Descartes**
Hipoteſe, und iſt heut zu Tage der Schlüſſel des Himmels, welcher von allen Irregularitäten Rechenſchaft gibt,
und ungleich beſſer mit den Erſcheinungen übereinſtimt,
als die Verbindung ſelbſt der genaueſten Beobachtungen.
Doch darf man **Keplern** hierbei nicht vergeſſen, denn deſſen
glükliche Entdekkungen über das Planetenſiſtem ſind es,

welche

---

*) Man ſol ſich in dem unendlichen unbeweglichen Rau-
me, einen großen beweglichen Raum denken, in welchem alle Weltkörper enthalten ſind, die wir ſehen.
Ruht nun dieſer Raum und bewegt ſich die Erde, oder
ruht die Erde und bewegt ſich dieſer Raum, genau
mit derſelben Bewegung mit welcher ſich die Erde bewegen müſte, aber in entgegengeſezter Richtung, ſo
ſind in beiden Fällen die Erſcheinungen für uns einerlei. — Der Herr Verfaſſer iſt auf dieſe Hipoteſe gefallen, wie noch in dem römiſchen Index librorum prohi-
bitorum der Titel ſtand: libri omnes qui affirmant tel-
luris motum. d. H.

welche selbst Newtonen zur Entdekkung der Wahrheit
den Weg gebahnt haben.

Man hatte schon bemerkt daß man selbst in der Bahn
der Erde um die Sonne keine gleichförmige Bewegung in der
Periferie eines ekzentrischen Kreises annehmen könte, sondern daß man, auffer der optischen Ungleichheit, die von
der Ungleichheit der Entfernungen herkömt, auch noch eine
wirkliche Ungleichförmigkeit in dieser Bewegung annehmen müste, man hatte deswegen die Ekzentrizität um die
Hälfte vermindert, und eine gleichförmige Winkelbewe-
gung erdacht, das ist eine mitlere Bewegung, aber nicht
um den Mittelpunkt selbst, sondern um einen Punkt, der
eben so weit jenseits dieses Mittelpunkts ligt, als die Sonne
disseits. Man hatte eben das für die andern Planeten
getan. Kepler der eine Anzahl guter Beobachtungen
vom Tycho vor sich hatte, sah daß die Rechnungen, welche auf diese Hipotese gegründet würden, nicht mit den
Beobachtungen übereinstimten, und daß der Unterschied
größer war, als ein bei den Beobachtungen etwa vorge-
fallener kleiner Irtum hätte verursachen können. Durch
genaue Beobachtungen, und sehr scharfsinnige Schlüsse,
die er über die Bewegung des Mars anstelte, (da dieser
Planet eine große Ekzentrizität hat, und fast alle Nächte
sichtbar ist, so ist er mehr als alle übrigen Planeten zu dieser Untersuchung geschikt), fand er, daß seine Bahn in
der Mitte eingedrükt war, und da die Ellipse, eine von den
drei Kegelschnitten, welche die einfachsten krummen Linien
nach dem Zirkel sind, gerade in der Mitte eingedrükt ist,
und zwei sehr merkwürdige Punkte auf beiden Seiten des
Mittelpunkts hat, nämlich die Brenpunkte, so nahm er
Ellipsen für die Laufbahnen aller Planeten an, und sezte
die Sonne in den gemeinschaftlichen Brenpunkt aller dieser
Ellipsen. Dies ist das erste van den drei so berühmten Gesezen, die man die Keplerischen Gesetze nent.

Das

Das zweite bezieht ſich auf die Geſchwindigkeit der Planeten in den verſchiednen Teilen ihrer Bahn, man drükt es ſo aus, die durch den Radius vektor beſchriebenen Flächen ſind den Zeiten proporzional, und da hieraus folgt, daß in gleichen Zeiten gleiche Flächen beſchrieben werden, ſo nent man es auch die Gleichheit der Flächen. Der Radius vektor iſt die gerade Linie von der Sonne bis an den Planeten. Kepler gab dieſer Linie den Namen, weil er glaubte, daß die Stralen der Sonne, indem ſich leztere um ihre Axe drehte, den Planeten mit ſich fortriſſen, und zugleich lezterer, durch eine Art von magnetiſcher Anziehung, genötiget würde, bald ſich der Sonne zu nähern, bald ſich mehr von ihr zu entfernen. Stelt man ſich zwei Bogen an zwei verſchiednen Teilen Einer Ellipſe vor, und denkt man ſich gerade von der Sonne an ihr Endpunkte gezogene Linien, welche zwei elliptiſche Ausſchnitte, das iſt zwei Triangel, von denen zwei Seiten gerade Linien, die dritte aber ein Bogen der krummen Linie iſt, einſchlieſſen, ſo ſind die Teile der elliptiſchen Fläche, welche dieſe Triangel einſchlieſſen, jene Flächen, welche nach dem zweiten Keplerischen Geſez, eben das Verhältnis gegen einander haben müſſen, als die Zeiten, welche der Planet braucht, dieſe Bogen zu durchlaufen, die alſo auch gleich ſein müſſen, wenn die Zeiten gleich ſind.

Das dritte Geſez beſtimt das Verhältnis, zwiſchen den Zeiten, welche die verſchiednen Planeten brauchen ihre Bahnen zu durchlaufen, und zwiſchen den mitlern Entfernungen von der Sonne, das iſt zwiſchen den halben großen Axen der Bahnen; man drükt es ſo aus, die Quadrate der Zeiten verhalten ſich wie die Würfel der Entfernungen. Kepler fand glüklicher weiſe dieſes Verhältnis, nachdem er in einer langen Reiße von Jahren, und mit unglaublicher Arbeit, eine Menge von Verbindungen und Verhältniſſen verſucht und falſch befunden hatte.

Newton

Newton unterſuchte dieſe Geſeze und fand daß ſie alle drei eine nohtwendige Folge von dem einzigen Geſeze wären, wenn die durch das ganze Planetenſiſtem verbreitete Schwere im umgekehrten Verhältnis des Quadrats der Entfernungen von der Sonne abnähm; er unterwarf dieſem Geſez auch die Kometen, und beſtimte ſo ihre Bewegung in ſehr länglichten Ellipſen, die ſich daher der Parabel nähern *); eine Menge von neuern Beobachtungen haben uns die Wahrheit dieſes Geſezes beſtätigt. Newton tat noch mehr, er fand daß dieſe Schwere algemein iſt, ſo daß alle Teile, wenigſtens von allen Körpern in unſerm Siſtem, eine Neigung haben, ſich einander zu nähern, und zwar nach demſelben Geſez des Quadrats der Entfernung; er nante ſie deswegen algemeine Anziehung oder Gravitazion. Hierdurch erklärte er nicht bloß die mit dem dritten Kepleriſchen Geſez übereinſtimmende Bewegung der Jupiters und Saturnstrabanten, durch die Anziehung gegen ihre Hauptplaneten, und die periodiſche Zeit des Mondsumlauf, welcher Planet von unſrer Erde angezogen wird; ſondern er beſtimte auch beſonders mehrere von den Ungleichheiten in der Bewegung des Mondes, welche durch die anziehende Kraft der Sonne hervorgebracht werden; ſo wie auch eine Veränderung in der Axe der täglichen Umdrehung der Erde, die durch die Einwirkung der Sonne und des Mondes auf die Materie entſteht, welche ſich wegen der Eindrükkung der Erde unter den Polen, unter dem Aequator erhebt, durch welche Veränderung das Vorrükken der Nachtgleichen und das Schwanken der Erdaxe entſteht.

Newtons Entdekkungen haben den Geometern, wie ſchon geſagt worden iſt, den Schlüſſel zum Himmel gegeben.

---

*) Noch vor Newton machte ein Prediger in Sachſen, Dörfel, die Entdekkung, daß ſich die Kometen in paraboliſchen Bahnen bewegen. d. U.

ben; durch sie hat man eine genaue Kentnis von einer
Menge von Ungleichheiten und Störungen in den Bewegungen der Haupt- und Nebenplaneten, und der Kometen
erlangt, zu der man durch bloße Beobachtungen nie hätte
kommen können. Diesen Entdekkungen ist man den Grad
der Genauigkeit schuldig, den wir jezt in der Teorie des
Mondes erlangt haben. Hierdurch ist diese heut zu Tage
so nohtwendig für die Schiffahrtskunde geworden, weil die
Irtümer der Mayerischen Tafeln, welche dieser aus der
Verbindung seiner Beobachtungen mit der Newtonischen
von Eulern glüklich erweiterten Teorie gezogen hat, höchst
selten auf Eine Minute steigen, welches an sich selbst in der
Bestimmung des Orts eines Schiffes höchstens eine Ungewisheit von zehn Seemeilen verursacht. Man hat diesen Tafeln durch neue Rechnungen und Beobachtungen
noch mehr Volkommenheit gegeben, allein niemahls würde man etwas hinlänglich sicheres und genaues über diesen
Gegenstand haben liefern können, ohne jenen algemeinen
Schlüssel, dessen wir gedacht haben, zu besizen.

In dem wahren Planetensistem, so wie es jezt algemein anerkant wird, ist nichts unbeweglich, ausser ein eingebildeter Punkt, den man den gemeinschaftlichen Mittelpunkt der Schwere von der Sonne und allen Planeten und
Kometen nent; um diesen bewegen sich alle die genanten
Körper, auch die Sonne. Allein die Bewegung dieser
leztern ist ungleich geringer als aller andern Bewegung, da
sie so nahe an diesen Mittelpunkt ligt. Zur Erleichterung
der Rechnung denkt man sich auch im Anfange die Sonne
als unbeweglich, und, nach dem ersten Keplerischen Gesez,
in dem gemeinschaftlichen Brenpunkt der Ellipsen von den
siben Hauptplaneten, und der Ellipsen oder Parabeln von
den Kometen, alsdan bringt man die Berichtigungen an
die sich auf ihre Bewegung beziehen, und die Berichtigung
aller der kleinen Irregularitäten, welche von der gegenseitigen

tigen Wirkung aller übrigen Teile des Sistems herkommen. Die Sonne dreht sich auch um ihre Are, und hat ihren Aequator; jeder Planet hat eine Bewegung in seiner Ellipse, nach dem zweiten Keplerischen Gesez, so daß die beschriebenen Flächen den Zeiten proporzional sind. Die Flächen dieser Ellipsen sind gegen den Sonnenäquator und gegen einander geneigt, auch schneiden sie unter kleinen Winkeln die Fläche der Erdbahn, die Ekliptik genant wird; die geraden Linien in welchen diese Durchschnitte geschehen, sind von einander unterschieden, doch gehen sie alle durch die Sonne, sie heisen **Knotenlinien**; die kleinen Winkel, unter welchen die Fläche der Ekliptik von den Planetenbahnen geschnitten werden, bestimmen die Breite des Tierkreises. In jeder Ellipse heißt die Entfernung der Sonne von dem Mittelpunkt der elliptischen Bahn, die **Ekzentrizität**, die Apsidenlinie ist die große Are, sie geht durch beide Brenpunkte und den Mittelpunkt, ihre Hälfte heißt die **mitlere Entfernung**; an den beiden Enden dieser Are ist auf einer Seite die größte Entfernung, man nent sie **Sonnenferne** (Afelium), auf der andern Seite, die kleinste, die **Sonnennähe** (Perihelium). Man rechnet die **wahren** und **mitlern Anomalien** von der Sonnenferne an, und wenn die mitlere Entfernung und die Ekzentrizität gegeben ist, kan man aus einer Anomalie die andre finden; man berechnet ihren Unterschied, die **Gleichung**, und bringt ihn in Tafeln, um sich derselben zur Bestimmung des wahren heliozentrischen Orts eines Planeten für eine gegebene Zeit zu bedienen. Die Apsiden= und Knotenlinien haben sehr verschiedne Richtungen, sie bestimmen die Lage der Sonnenferne, der Sonnennähe, und der beiden Knoten; der **aufsteigende Knoten** heißt der, durch welchen der Planet aus der südlichen Hemisfäre in die nördliche geht, der andre der **niedersteigende**. Die Lage der Apsiden und Knoten hat eine geringe wirkliche Bewegung, auch eine scheinbare, welche

das

das Vorrükken der Nachtgleichen verursacht. Vergleiche man die verschiednen Ellipsen mit einander, so verhalten sich, nach dem dritten Keplerischen Gesez, die Quadrate der Umlaufszeiten wie die Würfel der mitlern Entfernungen. Die Kometen haben eine änliche Bewegung in sehr länglichen elliptischen Laufbahnen. Die Trabanten begleiten den Jupiter und Saturn (und Uranus) mit ihren Bahnen, so wie der Mond mit seiner Ellipse unsre Erde in ihrem Lauf um die Sonne begleitet.

Eigentlich ist es der gemeinschaftliche Schwehrpunkt des Monds und der Erde, (der aber von dem Mittelpunkt der leztern nur wenig entfernt ist,) welcher die Ellipse beschreibt, und beide, die Sonne und der Mond laufen um ihn herum. Doch um die Rechnung zu erleichtern, rechnet man diese geringe Bewegung der Erde mit zu dem Mond, und betrachtet die Bewegung des Mondes als gegeschähe sie in einer Ellipse, in deren Brenpunkt die Erde selbst läg. Wegen der großen Störungen in dieser Bewegung, welche die Wirkung der Sonne auf diese beiden Körper verursacht, ist alles in dieser Ellipse veränderlich; die Apsiden, die nach der Ordnung der Zeichen den ganzen Tierkreis in beinahe neun Jahren durchlaufen; die Knoten, die bald gegen Morgen bald gegen Abend rükken, (doch ist leztere Bewegung ungleich größer, und sie vollenden ihren Umlauf, wider die Ordnung der Zeichen, in beinahe achtzehn Jahren); die Größe der Are, die Ekzentrizität, die Neigung gegen die Ekliptik, die Geschwindigkeit in der Beschreibung der Flächen, alles ist veränderlich, und das mit einer fast unauflöslichen Verwiklung.

Für jeden Planeten gibt es siben Elemente: die mitlere Entfernung, die Ekzentrizität, die Lage der Apsiden, der Ort der Knoten, die Neigung der Bahn, die periodische Zeit welche die mitlere Bewegung gibt, und die Epoche des Orts auf eine gegebene Zeit. In den Lehrbüchern

D der

der Aſtronomie werden die Metoden erklärt, durch welche man dieſe Elemente für jeden Planeten, aus auf der Erde angeſtelten Beobachtungen beſtimmen kan; man bedient ſich dazu vorzüglich der Beobachtungen die in den Oppoſizionen und Konſunkzionen mit der Sonne angeſtelt werden, weil es alsdan eben ſo viel iſt, als ob man in der Sonne ſelbſt beobachtete. Hieraus zieht man die aſtronomiſchen Tafeln, durch welche man für jede gegebene Zeit, die heliozentriſche Länge und Breite eines Planeten, die heliozentriſche Länge der Erde, und beider Entfernung von der Sonne findet; durch die ebene Trigonometrie findet man alsdan des Planeten geozentriſche Länge und Breite, und ſeine Entfernung von der Erde. Für die Sonne findet man, unmittelbar aus den Tafeln, ihre geozentriſche Länge, ihre Entfernung von der Erde, und ihren ſcheinbaren Durchmeſſer. Auch findet man die geozentriſche Länge und Breite des Mondes, ſeine Entfernung von der Erde, und ſeine Horizontalparallaxe; dieſe ſind wenn er ſich über den Horizont erhebt, nach bekanten Geſezen veränderlich, worüber man Tafeln verfertigt hat. Man hat auch Tafeln für die Bewegung der Nebenplaneten, vorzüglich für die Verfinſterungen der Jupiterstrabanten, wie auch für die Bewegung der Firſterne, das Vorrükken der Nachtgleichen, die Aberrazion und Nutazion. Damit beobachtende Aſtronomen und Seefahrer dieſe weitläuftigen Rechnungen nicht jedesmahl ſelbſt führen dürfen, ſo findet man in den Eſemeriden alles ſchon vorbereitet und angegeben; vorzüglich*) in den Pariſer Connoiſſances des temps, und in den engliſchen Nautical Almanacs.

Das

*) Für Deutſche in den aſtronomiſchen Jahrbüchern des Herrn Bode und in den Eſemeriden des Herrn Abts Hell. d. U.

Das Verhältnis der Entfernungen der Planeten von der Sonne, und ihrer periodischen Zeiten, ist ungleich gewisser bekant, als ihre absoluten Entfernungen, und ihre Größen im Verhältnis gegen die Erde, welche von diesen Entfernungen abhängen. Die Entfernungen von der Sonne verhalten sich für Merkur, Venus, Erde, Mars, Jupiter, Saturn und Uranus beinahe wie folgende Zahlen: 4, 7, 10, 16, 52, 95, 190 *); die periodischen Zeiten sind, drei Monat, sieben und ein halber, ein Jahr, zwei Jahr, zwölf Jahr, dreißig Jahr und dreiundachzig Jahr. Die absolute Entfernung der Erde von der Sonne beträgt ungefähr 34 Millionen französische Meilen **), daher gilt jede Einheit in den obengenanten Zahlen der Entfernungen ungefähr drei und eine halbe Million französische Meilen. Die Entfernung der Venus von der Erde in ihrer Erdnähe in der untern Konjunkzion mit der Sonne, verhält sich zu ihrer Entfernung in dem Apogäum, wenn sie sich hinter der Sonne befindet, fast wie 3 zu 17; und die Entfernung des Mars in dem Perigäum, wenn er mit der Sonne in Opposizion ist, verhält sich zu seiner Entfernung in dem Apogäum, wenn er hinter der Sonne steht, fast wie 5 zu 25; das ist, im zweiten Fal ist die Entfernung für den Mars fünfmahl, und für die Venus fast sechsmahl größer als im ersten. Die mitlere Entfernung des Mondes von der Erde be-

D 2 beträgt

---

*) Das Verhältnis der Entfernungen der Planeten in kleinen Zahlen, drükt man sonst so aus: 4,7,10,16,52,100,196; eine merkwürdige Zahlenreihe, weil sie die Progression 4. 4+3, 4+2.3, 4+2^2.3, *, 4+2^4.3, 4+2^5.3, 4+2^{6}3, gibt, ob man gleich bis jezt, davon weder den Grund noch Nuzen weis, ausser daß man vermuten kan, zwischen Mars und Jupiter befinde sich ein bisher noch unentdekter Planet. Diese Progression war schon vor der Entdekkung des Uranus bekant, und wurde durch ihn sehr schön bestätigt. d. U.

**) Ungefähr 20851500 deutsche Meilen. d. U.

trägt nur sechzig Erdhalbmesser, davon jeder beinahe 1400 französische Meilen *), oder fast zwanzig Millionen pariser Fuß ausmacht. Der Durchmesser des Mondes ist etwas ßer als der vierte Teil des Erddurchmessers, nämlich $\frac{3}{11}$ des leztern; der Durchmesser der Sonne enthält 3 Durchmesser der Erde; der Durchmesser des Mers s beträgt $\frac{2}{5}$ eines Erddurchmessers; der der Venus ist dem Durchmesser der Erde gleich; der des Mars ent t $\frac{4}{7}$, des Jupiters $11\frac{1}{7}$, des Saturns 10, und seines ngs $23\frac{1}{2}$ Erddurchmesser **).

Vierter Abschnit.
Von der Verbindung der Astronomie mit der Schiffahrt.

Die Schiffahrtskunst braucht die Hilfe der Astronomie in folgenden drei Stükken; 1) um den Lauf des Schiffes zu bestimmen, 2) um seine geografische Breite, 3) um seine Länge zu finden.

Ehe man die beständige Richtung des Magnets gegen Norden entdekte, richtete man sich auf den Seereisen nach dem Stande der Sonne und der Firsterne, vorzüglich derer welche um den Pol herumstehen. Hieraus bestimte man nur ungefähr die Lage des Nord- und Südpunkts, überhaupt aber entfernte man sich nicht sehr von den Küsten, um sich nach bekanten irdischen Gegenständen richten zu können. Der Kompas hat die Seefahrer kühner gemacht. Er würde ohne Hilfe der Astronomie die Richtung des Nords und der andern Winde angeben, wenn die Richtung der Magnetnadel nicht veränderlich wär, und sein Gebrauch würde leichter sein, wenn die Abweichung der
Magnet-

*) Oder 850 deutsche Meilen. d. U.
**) Und der Durchmesser des Uranus vier Durchmesser der Erde. — Man wird diese Größen in einer Tafel am Ende dieses Abrisses genauer angegeben finden. d. U.

Magnetnadel von der Richtung nach Mitternacht, nicht, zu derſelben Zeit an verſchiednen Oertern, und zu verſchiednen Zeiten an Einem Orte verſchieden wäre. Dieſe Veränderung in der Richtung der Magnetnadel iſt es, was die Hilfe der Aſtronomie zum Gebrauch des Kompaſſes nohtwendig macht. Man mus alle Tage, oder wenigſtens ſo oft als man kan, die Abweichung der Magnetnadel beſtimmen.

Man hat zweierlei Kompaſſe auf den Schiffen. Die erſte Art hat eine Alidade mit Dioptern, die nach einem Stern gerichtet werden; man miſt den Abſtand der Alidade von der Magnetnadel, auf einem in Grade geteilten horizontalen Kreiſe, der an dem Inſtrument angebracht iſt, dieſer Bogen gibt das Azimut dieſes Sterns, das aber der gedachten Abweichung wegen, unrichtig iſt. Man bedient ſich daher der Aſtronomie, um durch Hilfe von Tafeln und einer aſtronomiſchen Beobachtung, das wahre Azimut zu finden, hieraus gibt ſich der Unterſchied zwiſchen dem wahren und falſchen Azimut, und dadurch die geſuchte Abweichung der Magnetnadel. Man nent das die Variazion des Kompaſſes, und das Inſtrument ſelbſt Variazionskompas *). Da ſich die Abweichung in einem Tage und ſelbſt in mehrern Tagen nur wenig ändert, und da auch für wenig von einander entfernte Oerter dieſe Veränderung gering iſt, ſo kan die einmahl gefundene Abweichung für mehrere Tage dienen. Die zweite Art ohne Alidade iſt der gemeine Kompas, er wird zur Richtung des Schifs gebraucht; man nent ihn den Strichkompas.

Um das wahre Azimut eines Sterns finden zu können, mus ſeine Abweichung bekant ſein, welche unmittel-

*) Oder Azimutalkompas. d. U.

bar zur Astronomie gehört, und die Breite des Orts, welche man ebenfals durch die Astronomie findet; hieraus ergibt sich das Azimut in dem Augenblik des Auf- und Untergangs durch einen einzigen sfärischen Triangel, dessen Spizen im Pol, im Nordpunkt und in dem Sterne sind. Dieses Azimut ist die Ergänzung der Amplitude. Man kan darüber Tafeln auf alle Tage berechnen, die auf verschiedne Polhöhen und verschiedne Abweichungen der Sterne gerichtet sind; bedient man sich aber des scheinbaren Aufgangs, so mus man noch eine Berichtigung anbringen wegen der Wirkung der Refrakzion, doch steigt diese nur in sehr großen Entfernungen von dem Aequator bis auf einen Grad, in den gemäßigten Erdstrichen beträgt sie nur wenig Minuten über einen halben Grad. Bedient man sich eines über den Horizont erhobenen Sterns, so mus man dessen Höhe beobachten, und sie durch Abziehung der Refrakzion und der Senkung des sichtbaren Horizonts berichtigen, leztere gehört vielmehr zur Geografie, und man hat darüber schon Tafeln berechnet. Alsdan findet man das Azimut durch einen sfärischen Triangel, dessen drei Winkel am Zenit, am Pol, und am Stern sind. In dem ersten oben gedachten Triangel ist das Azimut durch die horizontale Seite gegeben, in dem leztern durch den Winkel am Zenit. Wir haben davon in dem zweiten Abschnit geredet.

Dieser erste Teil nimt daher von der Astronomie in Rüksicht der Teorie, die Abweichung der Firsterne oder der Sonne, und die Stralenbrechung; man findet die Tafeln darüber, und die Anweisung sich derselben zu bedienen in den astronomischen Efemeriden. In Rüksicht der Ausübung nimt er von der Astronomie die Metode die Höhe zu beobachten, durch welche man auch die Breite des Orts findet, welche hierzu nohtwendig erfodert wird. Wenn man aber die Sonnenhöhe nimt, so mus man auch den scheinbaren Durchmesser der Sonne beobachten, oder
man

man mus ihn vielmehr als aus der Teorie bekant voraus-
sezen. Man findet ihn gleichfals in den Efemeriden.
Der Durchmesser der Sonne ist nohtwendig, weil die Instrumente unmittelbar nur die Höhe des obern oder untern
Sonnenrandes angeben, daher mus man den halben Durchmesser im erstern Fal abziehen, im andern Fal addiren,
um die Höhe des Mittelpunkts der Sonne zu haben.

Das Zweite war die geografische Breite des Schiffes.
Es gibt mehrere verwikkelte, schwere und unsichere Metoden sie durch die Astronomie zu bestimmen. Aber die
einfachste, leichteste und genaueste ist die, welche nur eine
einzige Beobachtung von der Höhe eines Sterns im Meridian erfordert, dessen Abweichung bekant ist. Man
weis ungefähr die Lage des Meridians, wenigstens vermittelst des Kompasses. Man richtet sich mit einem Instrument wodurch man die Höhe beobachten kan, zum
Beispiel mit einem Reflexionsoktanten, nach Süden oder
nach Norden, und verfolgt einen Stern in dieser Gegend,
bis seine Höhe, wenn sie vorher zugenommen hat, wider
anfängt sich zu vermindern, oder umgekehrt; dieses Größte
oder Kleinste gibt die gesuchte Höhe, nur mus man sie
noch wegen der Stralenbrechung und der Senkung des
Horizonts berichtigen. Ihre Verbindung mit der Abweichung gibt die verlangte Breite. Wenn man gegen
Süden beobachtet, so gibt die Summe oder der Unterschied der Abweichung und der gefundnen Höhe, die Höhe
des Aequators, diese von neunzig Graden abgezogen gibt
die Breite. Man nimt die Summe wenn die Abweichung südlich ist, den Unterschied, wenn sie nördlich ist.
Wenn man gegen Norden beobachtet, so nimt man die
Ergänzung von der Abweichung, welche des Sterns Abstand vom Pol ist, und zieht sie von der beobachteten Höhe
ab, wenn diese ein Größtes gewesen, oder man addiert sie
dazu, wenn sie ein Kleinstes gewesen ist, um unmittelbar

die

die Polhöhe, welche der Breite gleich ist, zu haben. Wird hierbei die größte Genauigkeit erfordert so mus man die Abweichung der Firsterne, wegen der geringen Wirkungen der Aberrazion und Nutazion, berichtigen, für welche man, auffer den algemeinen Tafeln, noch besondre hat, die zu einer großen Anzahl der merkwürdigsten Firsterne gehören, man findet dergleichen in einigen astronomischen Kalendern. Das zweite Stük nimt daher von der Astronomie nicht mehr als das erste.

Das dritte Stük, die Erforschung der geografischen Länge, hat heutzutage die Hilfe der Astronomie am meisten nötig. Sonst kante man kein andres Mittel sie zu bestimmen, als die Schäzung aus der Richtung des Weges und der Geschwindigkeit des Schifs, und man brauchte daher die Astronomie bloß um die Variazion des Kompasses zu finden; allein diese Metode gab nach langen Reisen zu große Irtümer, teils wegen der Schwierigkeit, diese Elemente, die Richtung und die Geschwindigkeit, unabhängig von den Strömen zu bestimmen, teils wegen der Ströme selbst, die sehr oft unbekant sind, und das Schif, mit einer den Seefahrern unmerklichen Bewegung, fortziehen. Diese Schäzung gibt sowohl die Länge als die Breite. Die beobachtete Breite kan den Irtum aus der Schäzung zum Teil berichtigen, aber die Berichtigung der Länge bleibt immer ungewis.

Man hofte eine Zeit lang die Länge auf dem Meere durch die Variazion des Kompasses zu finden; man gebrauchte dazu die beobachtete Abweichung an einer großen Menge von Oertern, deren Lage auf der Erdkugel bekant war. Man zog auf einer Landkarte Linien, unter welchen die Abweichung der Magnetnadel eine gewisse Anzahl Grade beträgt, zum Beispiel von fünf zu fünf Graden. Wäre die Lage dieser Linien hinlänglich bestimt, und beständig, so würde der Ort des Schifs genau bestimt werden, durch

den

den Durchſchnit einer dieſer Linien, die zu der Abweichung
der Magnetnadel gehören mit dem Parallelkreis, den
die beobachtete Breite beſtimt; man hätte daher auf der
Karte ſelbſt die Länge dieſer Oerter. Allein die Abweichung des Magnets iſt veränderlich, und man hat das
Geſez dieſer Veränderung durch Hipoteſen, deren Falſch-
heit die Erfahrung bewieſen hat, vergebens zu beſtimmen
geſucht; man hat daher aus dieſer Metode nicht den Nuzen ziehen können, den man im Anfang davon gehoft hat.

Man hat ſich alſo wider zu dem Unterſchied der Stunden wenden müſſen, die man in demſelben Augenblikke
an zwei Oertern unter verſchiedner Länge zählt; da dieſer
Unterſchied den Unterſchied der Länge gibt, wenn man funfzehn Grad auf eine Stunde rechnet, wie wir ſchon oben
erinnert haben. Um ſich dieſer Metode bedienen zu können, mus man in demſelben Augenblik die Stunde des
Schifs, und die Stunde eines bekanten Orts, z. B. Paris, London, oder eines bekanten Hafens wiſſen. Das erſte erfordert die Hilfe der Aſtronomie, für das andre gibt
es zwei Metoden; man braucht entweder eine Längenuhr,
das iſt eine Uhr, die einen ſo regelmäßigen Gang hat, daß
ſie beſtändig die Stunde eines bekanten Ortes zeigt, oder
man wendet dazu eine Erſcheinung an, die ſich am Himmel zu einer bekanten Stunde an einem Orte, z. B. zu
Paris eräugnen mus, und die man auf dem Meere beobachten kan. Hierzu iſt wider Aſtronomie nötig.

Um die Stunde des Schifs zu wiſſen mus man die
Höhen nehmen. Nimt man korreſpondirende Sonnen-
höhen in einer hinlänglichen Entfernung vor und nach
Mittag, und bemerkt man die Stunden an einer guten
Uhr, ſo hat man den Mittag, dieſe an zwei verſchiednen
Tagen angeſtelte Beobachtung zeigt den Gang der Uhr

D 5 ſelbſt,

selbst, woraus man die wahre Stunde für jeden Augenblik findet, und es gibt genug Uhren, die ohne merklichen Irtum in ein- oder zweimahl vierundzwanzig Stunden einen gleichförmigen Gang behalten. Unterdessen mus man, wenn man diese Metode gebraucht, noch eine Berichtigung anbringen, wegen der veränderlichen Abweichung der Sonne; man findet das dazu gehörige in den astronomischen Jahrbüchern; auch mus man noch eine andre Berichtigung anbringen, welche den Weg des Schifs betrift, wenn es unter Segel ist, die man gleichfals leicht findet. Man kan sich zu derselben Absicht der korrespondirenden Höhen eines bekanten Firsterns bedienen, welche ohne daß man die erstgedachte Berichtigung anwenden dürfte, die Zeit seines Durchgangs durch den Meridian geben, hieraus findet man die Sonnenzeit vermittelst des Unterschieds in den geraden Aufsteigungen des Sterns und der Sonne. Man kan auch die Stunde des Schifs durch eine einzige Beobachtung einer Höhe von der Sonne oder einem bekanten Firstern bestimmen, die man in gehöriger Entfernung von dem Meridian genommen und berichtigt hat; der Triangel von dem wir schon oben geredet haben, dessen Spizen im Zenit, im Pol, und im Stern sind, gibt durch den Winkel am Pol die Stunde. Um die Seiten dieses Triangels zu haben, mus man aus der Astronomie, die Abweichung des Sterns, die Breite des Orts, die Refrakzion und den Durchmesser der Sonne kennen, um die Höhe zu berichtigen. Bedient man sich der Sonne, so gibt der Winkel am Pol die Stunde unmittelbar, hat man aber einen Firstern beobachtet, so braucht man noch seine Rektaßenston, um aus dem Unterschied zwischen dieser und der geraden Aufsteigung der Sonne, den Abstand des Stundenkreises zu finden, welcher durch die Sonne im Meridian geht, hieraus findet man die Stunde nach der Sonne.

Was

Was die erste Metode betrift, die Stunde eines bekanten Orts vermittelst einer Längenuhr zu wissen, so muß man eben das Verfahren mehrere nach einander folgende Tage vor der Abreise anstellen, um den Mittag an dieser Uhr zu finden; hieraus ergibt sich ihr Gang; dadurch und durch die Wirkung der verschiednen Grade der Wärme auf die Uhr selbst, findet man nach jeder gegebenen Zeit die Stunde desselben Orts von dem man abgereist ist. Der Chevalier Florieu hat in dem zweiten Bande seines, bei Gelegenheit der Versuche die er auf Befehl des verstorbenen Königs mit dem glüklichsten Erfolg an den Uhren des Herrn Berthoud angestellt hat, verfaßten Werks, das ganze Verfahren bei dieser Metode, mit allen Vorsichtsregeln die man dabei anwenden muß, ausführlich beschrieben, und mit einer Menge von Beißpielen erläutert. Es ist ein vortrefliches Werk, und allen denjenigen verständlich, die in trigonometrischen Rechnungen geübt sind.*)

Für die zweite Metode kan man bloß einige Verfinsterungen, und die Stellung des Mondes brauchen. Unter den Verfinsterungen kan man auf der See nur die von dem ersten Jupiterstrabanten anwenden, bei welchen das Resultat der Rechnung von der wirklichen Erscheinung heutzutage fast nie eine Minute abweicht, und wegen der hinlänglich geschwinden Bewegung die Beobachtung selbst weniger ungewis wird. Die Mondfinsternisse macht, ausser dem Irtum der Rechnung, der Halbschatten sehr ungewis, und überdies ist es eine so seltne Erscheinung, daß man keinen Nuzen für die Seefahrt davon ziehen kan.

Die

---

*) Man darf hierbei auch die Bemühungen der Engelländer über diesen Gegenstand nicht vergessen; die Längenuhren von Harrison (der deswegen auch einen Teil der Prämie, die auf die Auflösung des Längenproblems gesezt worden, erhalten hat), und die auf weiten Seereisen damit angestellten Versuche. d. U.

Die Verfinsterungen der Saturnstrabanten kan man nicht beobachten. Man kan sie nur mit sehr großen Fernröhren von der Erde sehen, und man kent ihre Bewegung nicht hinlänglich. Die Tafeln für die übrigen Jupiterstrabanten sind noch nicht so volkommen, daß man einen merklichen Jrtum in der Berechnung ihrer Verfinsterungen vermeiden könte *), und ihre zu langsame Bewegung macht, daß verschiedne Augen, die verschiedne Beschaffenheit der Atmosfäre, und die verschiedne Stärke der Fernröhre, einen zu großen Unterschied in dem geschäzten Augenblik des Ein- und Austrits hervorbringen, da sich leztere in der Taht nicht in einem Augenblik, sondern nach und nach eräugnen. Sehr oft würde die Folge von allen Jrtümern zusammen auf mehrere Minuten steigen, und zwei Minuten Jrtum in der Zeit, verursachen einen Jrtum von einem halben Grad in der Länge. Man könte noch etwas von dem zweiten Trabanten hoffen, man kan sich aber jezt nur auf den ersten verlassen. Unterdessen kan selbst der erste nicht so gar viel zu dieser Absicht dienen. Denn ob sich gleich alle zwei Tage eine von seinen Verfinsterungen eräugnet, so sind doch die, welche man beobachten kan sehr selten, da man sie weder am Tage, noch in der Dämmerung, noch wenn der Jupiter unter dem Horizont steht, sehen kan; ausserdem steht auch Jupiter zwei Monate hinter der Sonne und wird von ihren Stralen bedekt, während welcher Zeit man keine einzige beobachten kan. Hierzu kömt noch die äusserste Schwierigkeit diese Beobachtung auf der See anzustellen. Alle diese Gründe zusammengenommen haben den Vorteil des Seestuhls, den man in England vorgeschlagen und versucht hat, aufgehoben.

Die

*) Die Tafeln für den zweiten Jupiterstrabanten sind seit kurzem sehr vervolkomnet worden; allein es bleibt immer noch die Schwierigkeit übrig, welche seine langsame Bewegung verursacht, ungerechnet der geringen Anzahl seiner Verfinsterungen.

Die langſamkeit aller übrigen Bewegungen am Himmel hat den Aſtronomen die Hofnung benommen, je ein andres Geſtirn zu dieſer Abſicht anwenden zu können, auſſer den Mond, der in jeder Minute beinahe eine halbe Minute fortrükt, ſo daß eine Minute Jrtum in der Schäzung ſeines Orts, nur zwei Minuten Jrtum in der Zeit, oder einen halben Grad in der länge, verurſacht; und da jezt der Jrtum in den Tafeln, faſt nie auf eine Minute ſteigt, ſo iſt ſein Ort zu einer für die Seefahrer hinlänglichen Beſtimmung der länge ſehr geſchikt. Der Mond macht durch die Veränderung ſeines Orts zwei Arten von Verfinſterungen, die man mit aller Genauigkeit beobachten kan, nämlich Bedekkungen der Sonne und der Firſterne von dem Monde. Dergleichen auf dem feſten lande beobachtete Erſcheinungen haben ſehr viel zur Vervolkomnung der Geografie beigetragen, allein für die Schiffahrt ſelbſt ſind ſie weniger geſchikt, teils weil ſie ſich ſo ſelten eräugnen, teils weil es ſchwehr iſt ſie auf dem Schiffe gut zu beobachten, ungerechnet noch die Schwierigkeit, welche die für einen Seeman zu lange und zu verwikkelte Rechnung, um daraus die länge zu finden, verurſacht. Man hat ſich deswegen auf die Entfernungen des Mondes von der Sonne und einigen Firſternen einſchränken müſſen, die man alle Tage und Nächte beobachten kan, wenn der Mond über dem Horizont ſteht.

Es ſtanden ſonſt der Anwendung dieſer Metode zwei wichtige Schwierigkeiten entgegen; die eine von Seiten der Teorie, die Entfernungen nämlich ſelbſt für eine gegebene Zeit gehörig zu beſtimmen, die andre von Seiten der Ausübung, die Erſcheinung auf der See genau zu beobachten. Die leztere Schwierigkeit hat man größtenteils durch den Gebrauch des Seeoktanten gehoben, und eben ſo die erſte, durch die ungeheuren Arbeiten welche die Engelländer ohnlängſt aus dieſer Abſicht unternommen haben,

haben, sie haben von drei zu drei Stunden diese Entfernung für die Londner Zeit berechnet, und ein großes Werk herausgegeben, um die Berichtigung wegen der Stralenbrechung und Parallare bei der beobachteten Entfernung zu erleichtern. Man kann darüber die Connoiſſance des temps für 1775 nachſehen, wo davon geredet wird, auch findet man daſelbſt Beiſpiele mit der ganzen Rechnung, die von allen Seeleuten ausgeführt werden kan.

Um die Rechnung über die Entfernung des Monds von der Sonne oder einem Firſtern führen zu können, mus ihre Länge und Breite bekant ſein, alsdan hat man in dem ſfäriſchen Triängel, deſſen Winkel am Pol der Ekliptik, am Mond und an dem Stern ſind, den Winkel am Pol, welche der Unterſchied der Länge iſt, und die beiden anliegenden Seiten, welche die Summe oder Differenz vonneunzig Grad und den Breiten ſind, hieraus findet man die dem Winkel am Pol gegenüberſtehende Seite, welches die geſuchte Entfernung iſt. Die Länge der Sonne und die Länge und Breite eines Firſterns iſt bald gefunden, allein zum Mond werden die erhabenſten und verwikfelſten Unterſuchungen der ganzen Aſtronomie erfordert. Die Tafeln die wir endlich beſizen, und die hinlänglich genau ſind, um ſie für dieſen Gegenſtand anwenden zu können, haben den Aſtronomen unendliche Arbeit, und den größten Geometern die tiefſten und feinſten Unterſuchungen gekoſtet. Noch iſt es eine ſehr lange und äuſſerſt beſchwehrliche Rechnung aus dieſen Tafeln ſelbſt den Ort des Mondes zu beſtimmen, und erfordert einen in dieſem Stük ſehr geübten Aſtronomen. Aus der Aſtronomie mus man übrigens noch den ſcheinbaren Durchmeſſer der Sonne und des Mondes nehmen, um die Entfernung der Ränder, welche der Oktant unmittelbar angibt, in die ſcheinbare Entfernung der Mittelpunkte zu verwandeln; ſo wie auch die Refrakzion und Parallaxe, um die ſcheinbare Entfernung in die wahre zu verwand-

verwandlen, ſo wie man ſie aus dem Mittelpunkt der Erde ſehen würde.

Der ſcheinbare Durchmeſſer des Mondes und ſeine Parallaxe, ſo wie auch die Parallaxe der Sonne, und die Refrakzion beider Geſtirne, hängt von ihrer Höhe über den Horizont ab. Für die Sonnenparallaxe die nur wenig Sekunden beträgt, braucht man die Höhe nur ungefähr zu haben, aber für das übrige mus man die Höhen mit mehr Genauigkeit beſtimmen. Man könte dieſe Höhen durch die ſfäriſche Trigonometrie beſtimmen, aus der geraden Aufſteigung nnd Abweichung, die man für die Stunde der Beobachtung aus der Connoiſſance des temps nehmen könte, wenn man jene Stunde nach dem, aus der Schäzung ungefähr bekanten, Unterſchied der Längen in Pariſer Zeit verwandelt hätte, und der Jrtum, den die etwas unrichtige Schäzung in den Höhen hervorbringen würde, würde nicht ſo groß ſein; allein um ſich vor dieſem Jrtum ſicher zu ſtellen, und die lange Rechnung die zur Beſtimmung der Höhen nohtwendig iſt, zu vermeiden, iſt es viel beſſer ſie aus einer unmittelbaren Beobachtung zu nehmen, welche entweder zwei Beobachter in dem Augenblik in welchen man die ſcheinbare Entfernung miſt, oder derſelbe Beobachter etwas vorher und nachher anſtelt, um daraus die Höhe für den Augenblik der beobachteten Entfernung zu ziehen, nach der bekanten Metode des Verhältniſſes zwiſchen den Differenzen. Wenn man die Parallaxe und Refrakzion gefunden hat, ſo kan man die beobachtete Entfernung durch die Auflöſung zweier ſfäriſchen Triangel, deren Winkel im Zenit, in dem Monde und in dem Stern ſind, berichtigen. Jn dem erſten dieſer beiden Triangel ſind die drei Seiten bekant; zwei ſind die beiden ſcheinbaren Abſtände vom Zenit, als Ergänzungen der beiden beobachteten Höhen, und die dritte iſt die Entfernung ſelbſt, die man ebenfals beobachtet hat. Man findet daraus den

Win-

Winkel am Zenit, der dieser lezten Seite gegenüber steht; alsdan braucht man in dem zweiten Triangel diesen Winkel, mit den beiden berichtigten Entfernungen vom Zenit, welches die anliegenden Seiten sind; daraus ergibt sich die dritte Seite, welches die berichtigte Entfernung ist. Um die Auflösung dieser Triangel zu vermeiden, gibt man gleichgiltige Formeln, durch welche man diese Berichtigung anbringt, und zieht daraus Regeln zu einer Rechnung, die sich auf die trigonometrischen Tafeln gründet. Von dieser Art ist die Metode des Herrn Chevalier de Borda, die er dem Herrn de la Lande mitgeteilet hat; lezterer hat sie in der Connoissance des temps von dem obengenanten Jahr eingerükt S. 369. *). Allein das große englische Werk von 1200 Seiten erspart den Seeleuten diese Mühe, und sezt an die Stelle der trigonometrischen Aufgaben Tafeln, vermittelst welche man durch eine weit einfachere Rechnung seine Absicht erlangt.

Wenn die berichtigte Entfernung eben so groß ist als eine von denen, die in der Connoissance des temps **) angegeben sind, so ist die Stunde welche darneben steht, die, welche man in Paris***) zu der Zeit zählt. Gewöhnlich wird die gefundne Entfernung zwischen zwei in der Connoissance des temps angegebenen inne liegen; alsdan braucht man folgendes Verhältnis: wie sich ihr Unterschied verhält zu dem Unterschied der vorhergehenden und folgenden, so verhalten sich drei Stunden zu einer Anzahl Stunden, die man zu der vorhergehenden Stunde addiren mus, um die Stunde von Paris zu haben. Der Unterschied zwischen dieser

---

*) Man findet sie auch, ausser in des Herrn Borda und seiner Begleiter eignem Werke, in den logaritmischen Tafeln die Callet 1783 zu Paris herausgegeben hat.
　　　　　　　　　　　　　　　　　　　　　　　d. U.

**) Oder in dem Nautical Almanac.　　　　　d. U.
***) Oder London.　　　　　　　　　　　　d. U.

dieſer Stunde und der Stunde des Schifs gibt ſodan die
Länge, funfzehn Grad auf eine Stunde gerechnet.

Fünfter Abſchnit.
Von den Inſtrumenten.

Die Inſtrumente welche man in der Aſtronomie braucht
ſind breierlei; optiſche, mechaniſche, und geometriſche.
Zur erſten Gattung gehören diejenigen durch welche man
die Schwäche des Geſichts unterſtüzt, zur zweiten die,
welche zu einem genauen Zeitmaße dienen, und zur dritten
die, durch welche man die Winkel miſt.

Um das Geſicht zu unterſtüzen, bedienet man ſich der
Spiegelteleskope und Fernröhre, unter den leztern ſind die
achromatiſchen ſehr nüzlich wegen der großen Wirkung die
ſie bei geringer Länge haben. Es gibt viel weſentliche
Stükke die ſich auf ihre Natur beziehen, und die ein Aſtro-
nom nohtwendig wiſſen mus, um ſich bei ihrem Gebrauch
nicht zu irren. Aber eine ausführliche Erläuterung derſelben, ſo wie vieler andern Gegenſtände, die ſich auf die
Berichtigung der Inſtrumente beziehen, kan in dieſem
Auszug nicht vorgetragen werden.

Um ein gleichförmiges Maß der Zeit zu haben, bedient
man ſich der Uhren. Penbeluhren ſind einem Beobachter auf dem feſten Lande unumgänglich nohtwendig, und
um die Beobachtungen hinlänglich ſicher anſtellen zu können, müſſen ſie ſo eingerichtet ſein, daß die verſchiedne
Wärme und Kälte keinen Einflus auf ihren Gang haben.
Man macht ſie jezt hinlänglich volkommen, ſo daß ſie in
mehreren Tagen um keine Sekunde irren. Eine gute
Sekundenuhr, wo die Hemmung nicht durch ein Penbul
geſchieht, hält mehrere Stunden einen gleichförmigen
Gang, und da Pendeluhren auf der See wegen des
E Schwan-

Schwankens des Schiffes nicht gebraucht werden können,
so mus man eine von jenen Uhren zum gewöhnlichen Gebrauch auf den Schiffen haben.   Um die Zeit des Orts
von dem man ausreist auf dem Schiffe zu behalten, und
sich derselben zur Findung der Länge zu bedienen, mus man
nohtwendig eine von den Uhren haben, die man Längenuhren nent, und die man jezt mit einer hinlänglichen
Genauigkeit zu verfertigen angefangen hat; allein von diesem Instrument kan wegen seiner Seltenheit und wegen
seines Preises noch nicht algemein Gebrauch gemacht
werden.

Unter die Instrumente welche man zum Messen der
Zeit braucht, kan man auch das Passagen- oder Durchgangsinstrument rechnen, weil es den Augenblik des
Durchgangs eines Sterns durch den Meridian zu bestimmen dient.   Es ist ein Fernrohr das man senkrecht an einer horizontalen Are befestigt hat, welche perpendikular
auf der Mittagslinie steht.   An demselben sind in dem
Brenpunkt des Objektifs zwei Fäden angebracht, die sich
einander unter rechten Winkeln durchschneider; der eine dieser Fäden steht horizontal, der andre senkrecht auf den
Horizont.   Indem sich das Fernrohr mit dieser Are dreht,
welche so eingerichtet ist, daß sie sich um sich selbst drehen
kan, so bleibt der zweite Faden beständig in Einer Vertikalfläche, nämlich in der Fläche des Meridians, und alle Sterne gehen parallel mit dem horizontalen Faden hinter dem
andern Faden weg, in dem Augenblik in dem sie in den
Meridian kommen.   Um das Instrument recht genau
zu stellen, mus die Are des Fernrohrs auf die Umdre-
hungsare recht senkrecht sein, diese aber recht horizontal,
und auf die Mittagslinie senkrecht.   Man kan seine Lage
durch korrespondirende Höhen eines Firsterns berichtigen,
diese geben den Augenblik seines wahren Durchgangs
durch den Meridian, der Unterschied zwischen diesem und
dem Augenblik des Durchgangs durch den senkrechten Faden

den des Instruments, gibt den Irtum in der Richtung des leztern. Ich habe der Pariser Akademie der Wissenschaften *) eine Metode mitgeteilt, um die drei Irtümer in der Lage dieser beiden Axen, durch drei beobachtete Unterschiede zu bestimmen, in der Absicht sie zu berichtigen oder daraus Tafeln zu ziehen, um den Unterschied in einer jeden andern Richtung zu haben. Dieses hinlänglich berichtigte Instrument ist ungleich geschikter den wahren Mittag zu bestimmen als eine Mittagslinie.

Man bringt an einer Seite desselben einen mit der Axe konzentrischen Halbkreis, in einer Vertikalfläche an, mit einem an der Axe selbst befestigten Zeiger, welcher auf dem Halbkreis die Höhe der Richtung von der Axe des Fernrohrs, oder seinen Abstand vom Zenit angibt. Dieser Zirkel gehört schon zu den Instrumenten durch welche die Winkel gemessen werden, und er würde, wenn er groß genug wär, stat eines doppelten Mauerquadranten, eines nördlichen und südlichen, dienen können.

Der Mauerquadrant ist ein Quadrant von einem großen Halbmesser, fest an eine Mauer so angebracht, daß sein Kreisbogen genau in der Fläche des Meridians steht. Man bringt dabei ein Fernrohr an, das an einem Zilinder befestigt wird, dessen Axe horizontal ist, und durch den Mittelpunkt des Quadrantens geht. Das gedachte Fernrohr dreht sich um die Axe, und hat zwei Kreuzfäden wie das Durchgangsinstrument. Es giebt verschiedne Metoden seiner Lage zu berichtigen, er mus genau in der Fläche des Meridians stehen, und die Halbmesser durch

E 2 o und

*) Man findet alles was diesen Gegenstand betrift in der elften Abhandlung des vierten Bandes meiner optisch-astronomischen Schriften; so wie man überhaupt in den Abhandlungen dieses Bandes eine große Menge von Metoden antrift, die sich auf die Berichtigung der astronomischen Instrumente beziehen.

q und 90° müssen genau horizontal und senkrecht sein, so
wie auch die Axe des Fernrohrs seiner Fläche parallel sein
mus. Alsdan gibt er den Augenblik des Durchgangs
durch den Meridian, und die Höhe oder den Abstand vom
Zenit an. In mehrern großen Sternwarten hat man
zwei Mauerquadranten, einer ist gegen Süden, der andre
gegen Norden gerichtet. Es gibt vortrefliche dergleichen
Instrumente, die selbst nicht eine oder zwei Sekunden Irtum geben; allein es würde ungleich nüzlicher sein, einen
einzigen zu haben, der sicher an einer vertikalen Axe befestigt wär, mit einer Alidade, die in einem großen horizontalen Kreise zugleich das Azimut und die Höhe geben
würde, wie wir schon oben erinnert haben.

Er würde auch stat eines beweglichen Quadranten dienen können, durch welchen man jezt gewöhnlich die Höhen
nimt. Insgemein ist an diesem, an einer Seite desselben ein Fernrohr befestigt, und aus seinem Mittelpunkt
hängt ein senkrechter Faden herab. Er ist so an sein Sta-
tif angebracht, daß man ihn vertikal nach allen Seiten
wenden kan, er selbst läst sich um eine horizontale Axe drehen. Der Durchschnit der beiden Fäden in dem Brenpunkt des Objektifs bestimt die Richtung des Gegenstandes, und der senkrechte Faden gibt das Zenit an; daher
schneidet der Faden auf dem Kreisbogen den Abstand des
Zenits von der Richtung des Fernrohrs, und auf der andern Seite die Höhe ab. Manchmahl läst man den senkrechten Faden weg, und läst den Quadranten nicht um seine Axe drehen, bringt aber dafür eine Alidade an, an welcher das Fernrohr befestigt ist. Man bedient sich auch
stat des beschriebenen Quadranten eines Sextanten; man
befestigt ein Fernrohr an eine Seite desselben, und ein andres auf dieses erste senkrecht durch den Mittelpunkt, auf
diese Art kan der senkrechte Faden, der aus dem Mittelpunkt herab hängt, alle Höhen so gut angeben, als der

ganze

ganze Quadrant. Für sehr feine Beobachtungen von Sternen die nahe am Zenit stehen, braucht man Sektoren von einem sehr großen Halbmesser, deren Kreisbogen nur wenig Grade hält, dergleichen Sektoren sind verschiedentlich eingerichtet, man hat sie mit Vorteil bei den Messungen der Meridiangrade gebraucht, die man die Gestalt der Erde zu bestimmen unternommen hat.

Man hat noch ein andres sehr nüzliches Instrument, das häufig im Gebrauch ist; nämlich ein Fernrohr, das sich um eine Are dreht, die senkrecht an eine andre Are befestigt ist, welche man der Weltare parallel gestelt hat; diese zweite Are ist mit einem Zeiger versehen, der sich mit ihr herumdreht, und auf einem auf die Are perpendikularen Kreise die Stunden angibt; die erste Are trägt auffer dem Fernrohr ebenfals einen Zeiger, welcher an einem auf die zweite Are befestigten Kreise die Deklinazionen angibt. Wenn man diesen leztern Zeiger auf die Abweichung eines Sterns stelt, so beschreibt das Fernrohr, indem es sich um die zweite Are dreht, am Himmel einen Parallelkreis des Aequators, daher hat dieses Instrument den Namen **parallaktische Maschine** erhalten. Vermittelst dieser Maschine findet man die Sterne leicht am hellen Tage, und kan die unbekante Stellung eines Sterns mit der bekanten eines andern vergleichen.

Es gibt eine Menge von Instrumenten, durch welche kleine Entfernungen gemessen werden; man nent sie **Mikrometer.** Manche bestehen aus Fäden, oder feinen in Glas geschnittenen Linien, die man in dem Brenpunkt des Objektifglases eines Fernrohrs anbringt; andre bestehen aus einem Faden der sich vermittelst einer Schraube parallel bewegt, mit der Schraube dreht sich zugleich ein kleiner Zeiger um, der auf einem eingeteilten Kreise die Teile jeder Umdrehung abmißt, diese Teile mit der Anzahl der ganzen Umdrehungen geben die Größe der Bewegung,

gung,

gung, und dadurch das gesuchte Maß. Man hat auch
ine Art Mikrometer die man Objektifmikrometer
ient. Um es zu machen schneidet man ein Objektif von
großer Brenweite mitten durch. Man faßt die beiden
Halbkreise so, daß, wenn man sie an ein Spiegelteleskop
oder Fernrohr perpendikular auf die Are desselben, gegen
das Objekt, anbringt, man ihre Stellung verändern und
eins neben dem andern wegschieben kan. Wenn beide
Halbkreise so zusammengefügt sind, daß ihre Durchmesser einander dekken, so sieht man nur Ein Bild des Objekts;
werden sie aber verschoben so macht jeder Teil sein eignes
Bild; auf dem Instrument wird bemerkt um wie viel
beide Halbkreise verschoben worden, das gibt die Entfernung der beiden Bilder und dadurch das gesuchte Maß
der kleinen Größen.

Alle diese Instrumente der dritten Gattung können
auf keinem von den Wellen bewegten Schiffe gebraucht
werden, ausser etwan das Objektifmikrometer, dessen man
sich bedienen könte, wenn das Schwanken des Schiffes
nicht zu stark ist, doch ist es ungleich geschikter die Teorie
der Astronomie volkomner zu machen als von einem Seeman gebraucht zu werden. Man könte zwar, durch ein
an ein gutes Fernrohr angebrachtes Objektifmikrometer,
das sich leicht behandeln lies, sehr kleine Entfernungen
des Mondes von einem Firstern, mit hinlänglicher Genauigkeit auf der See beobachten, und daraus die Länge
des Schifs finden. Allein diese Erscheinung ist wie die
Bedekkungen der Firsterne vom Monde selten, und überhaupt für einen Seeman zu schwer zu berechnen. Doch
mus er von mehreren auf dem festen Lande gebräuchlichen
Instrumenten hinlängliche Kentnis und Uebung haben,
um sich derselben bei einer Landung bedienen zu konnen, damit die Länge und Breite des Landungsplazes desto sicherer
bestimt wird. Zu dieser Absicht wird es vorteilhaft sein,
wenn

wenn er mit einem guten Quadranten von zwei oder drei
Fuß im Halbmesser, mit einer guten Penduluhr, einem Fernrohr das die Verfinsterungen der Jupiterstrabanten zeigt, und mit einem tragbaren Durchgangsinstrument versehen ist. Durch seinen Quadranten wird er
mit hinlänglicher Genauigkeit die Höhen nehmen, und
daraus die Breite und den Gang der Uhr bestimmen können; alsdan gibt ihm eine Verfinsterung des ersten Jupiterstrabanten, die er mit aller möglichen Leichtigkeit und
Genauigkeit beobachten kan, sogleich die Länge, ohne daß
er einen Irtum von fünf französischen Meilen befürchten
darf; ausserdem werden ihm auch noch die Verfinsterung-
en der andern Trabanten zur Bestimmung der Länge von
seinem Landungsorte dienen können, wenn er nach seiner
Rükkehr Beobachtungen findet, die über dieselbe Verfinsterung an bekanten Orten angestelt worden sind. Wenn
er das Durchgangsinstrument gehörig gestelt hat, so wird
ihm eine leichte genau angestelte Beobachtung die Länge
geben; wenn er den Durchgang des Mondes durch den
Meridian beobachtet, so findet er daraus seine gerade Aufsteigung mit hinlänglicher Genauigkeit, entweder unmittelbar durch die Stunde der Sonnenzeit selbst, indem er
sie mit der geraden Aufsteigung der Sonne vergleicht, oder
aus dem Unterschied der Zeit zwischen seinem Durchgang
und dem Durchgang eines Firsterns. Aus der geraden
Aufsteigung des Mondes kan er die Länge finden, wenn er
sie mit den geraden Aufsteigungen vergleicht, die man nach
dem was man in der Connoißance des temps findet berechnen kan. Noch leichter und genauer wird er die Länge
seines Orts nach seiner Rükkunft finden, wenn er seine
Beobachtung mit dem Durchgange des Monds durch den
Meridian vergleicht, der an demselben Tage auf einer bekanten Sternwarte beobachtet worden. Auf die Art wird
er der Geografie und der Schiffahrt einen beträchtlichen
Dienst erwiesen, indem er zur Verbesserung der Seekarten

beiträgt,

beiträgt, die noch jezt mit vielen gefährlichen und sehr oft
schädlichen Irtümern angefült sind.

Zum Beobachten auf der See hatte man sonst Instrumente welche die Höhen mit wenig Genauigkeit, und nur
ungefähr angaben. Allein alles hat sich geändert, seit der
Reflexionsoktant durch **Hadley** *) bekant geworden ist,
er führt daher auch den Namen des Hadleyschen Oktanten,
ob man gleich dessen Erfindung dem großen **Newton** ver-
danken mus, nach dessen Angabe schon funfzig Jahr vorher solche Instrumente gemacht worden sind, wie Herr
Magellan in seiner Description des Octans et Sextans
anglois gezeigt hat. In diesem Werke findet man die
verschiednen Arten dieser Instrumente beschrieben, mit
demjenigen was er selbst getan hat, und mit allen den
Vorsichtsregeln die man befolgen mus um sie gehörig zu
berichtigen, und die Irtümer zu vermeiden, die sich leicht
bei ihrem Gebrauch einschleichen können. Wir wollen
hier von demjenigen der am meisten im Gebrauch, und
der einfachste ist, eine kurze Beschreibung geben. Der
Reflexionsoktant hat einen Bogen der den achten Teil von
dem Umfang eines Kreises beträgt, woher er seinen Namen erhalten hat, dieser Bogen ist in halbe Grade geteilt,
die aber bei dem Gebrauche so viel als ganze Grade gel-
ten, vor o und nach 90 dieser Grade trägt man gewöhnlich noch zehn Grad mehr auf; jeder dieser Grade ist wider in drei Teile geteilt, welche also jeder zwanzig Minuten betragen, die Minuten welche man noch dazu sezen
mus, bestimt ein Nonius, der auf einer um den Mittelpunkt des Oktanten beweglichen Alidade gezeichnet ist.
Auf diese Alidade ist im Mittelpunkt selbst ein Spiegel befestigt, der auf der Fläche des Instruments senkrecht steht.
Ein andrer, aber nur zur Hälfte belegter Glasspiegel, ist

auf

*) Im Jahr 1731. §. 11.

auf einer von beiden Seiten des Oktanten befestiget, und
zwar so, daß er dem ersten auf der Alidade parallel steht,
wenn diese den o Punkt auf dem Kreisbogen abschneidet.
Auf der andern Seite des Oktanten ist eine Diopter angebracht, durch welche man, durch den unbelegten Teil des
zweiten Glaßspiegels hindurch, nach einem entfernten Gegenstand sieht, eben diesen Gegenstand sieht man, wegen
der doppelten Reflexion der beiden Spiegel, wenn sie einander parallel stehen, entweder auf demselben Teil des
zweiten Glaßspiegels wenn der Gegenstand Licht genug
hat, oder darneben auf dem belegten Teile desselben. Indem man die Alidade mit ihrem Spiegel dreht, so verläßt
die Gesichtslinie, welche zur doppelten Reflexion gehört,
ihre vorige Richtung, in der sie mit der aus dem Auge unmittelbar nach dem Gegenstand gezognen Linie parallel
war, und entfernt sich um einen Winkel der doppelt so groß
ist als der, um welchen die Alidade bewegt worden ist;
denn da die Perpendikularlinie auf den ersten Spiegel, sich
um eben so viel dreht als die Alidade selbst, so mus sich der
veränderliche einfallende Strahl, der mit dem beständigen
zurükgeworfenen Strahl einen Winkel macht, welche durch
die gedachte Perpendikularlinie in zwei gleiche Teile geteilt
wird, um den doppelten Winkel drehen.   Ein Andrer
halb belegter Spiegel ist auf eben der Seite des Oktanten
angebracht welche den ersten trägt, und so gestelt, daß man
durch eine zweite vor ihm befestigte Diopter, und durch seinen unbelegten Teil, einen Gegenstand sieht, der dem gerade entgegengesezt ist, den man durch die doppelte Reflexion des beweglichen Spiegels an der Alidade, und je-
nes ersten festen, sieht.

Durch dieses Instrument läst sich der Winkel bestimmen, den zwei aus dem Auge nach zwei verschiednen Gegenständen gezogne Linien mit einander machen.   Man
hält das Instrument mit der einen Hand so, daß seine

Fläche

Fläche durch das Auge und die beiden Gegenstände geht.
Man sieht durch eine Diopter und durch den unbelegten
Teil des zu ihr gehörigen Spiegels nach dem einen Gegenstand, und dreht die Alidade so lange bis der andre durch
die doppelte Reflexion in demselben Spiegel erscheint.
Sieht man daß der Winkel weniger Grade halten wird,
als auf dem Bogen gezeichnet sind, das heist daß er spizig
oder nur wenig stumpf sein wird, so bedient man sich der
erstern Diopter, und wendet sich so, daß man beide Gegenstände vor sich hat, man nent dieses *vorwärts beobachten.* Sieht man daß der zu messende Winkel größer sein
wird, so wendet man sich gegen das Objekt, das man gerade aus sehen wil, und läst das andre im Rükken liegen,
dieses nent man *rükwärts beobachten;* übrigens ver-
fährt man eben so, man sieht erst nach dem einen Gegenstand gerade aus, und dreht alsdan die Alidade so lange,
bis der andre in dem Spiegel erscheint. Im ersten Fal
gibt die Alidade den gesuchten Winkel sogleich, im andern
Fal mus man den Winkel den die Alidade gibt von 180°
abziehen. Man sieht gewöhnlich nach dem Gegenstand,
der das wenigste Licht hat, oder am unkentlichsten ist, gerade aus, weil bei der doppelten Reflexion Stralen ver-
lohren gehen.

Der wichtige Gebrauch der von diesem Instrument
gemacht wird, besteht in dem Nehmen der Höhe der
Sonne oder eines andern Sterns, und in dem Messen des
Abstands des Mondes von der Sonne oder von einem
Firstern. Wenn man das leztere tuhn wil so richtet man
die Diopter und den dazu gehörigen Spiegel nach dem Firstern, und läst den Rand des Mondes vermittelst der doppelten Reflexion auf denselben Punkt fallen, indem man
das Instrument etwas bewegt, bis der Firstern den Rand
berührt; mist man hingegen Entfernungen von der Sonne, so richtet man sich nach dem Mond, und läst die
Sonne

Sonne auf den Spiegel fallen. Um von den Stralen der Sonne nicht geblendet zu werden, gebraucht man ein gefärbtes Glaß, daß man wenn es nötig ist zwischen die beiden Spiegel stellen kan.

Wenn man die Höhe messen wil, richtet man sich gegen den sichtbaren Horizont, hält das Instrument vertikal, und bringt nun den Stern vermittelst der Alidade an denselben Punkt, indem man durch eine kleine Seitenbewegung den Stern so lange vor- und rükwärts gehen läst, bis er auf ihn trift; alsdan hat man auf dem Bogen des des Instruments die Höhe, wenn man vorwärts beobachtet hat; wil man rükwärts beobachten, so hat man die Entfernung des Sterns von dem entgegengesezten Punkt des Horizonts, welche das Supplement der Höhe gibt. Manchmahl ist man genötigt rükwärts zu beobachten, wenn nämlich eine Küste oder ein Nebel den sichtbaren Horizont vorwärts verdekt; auf der ofnen See kan man fast immer vorwärts beobachten. Allein es ist sehr vorteilhaft die Beobachtung über dieselbe Höhe zugleich vorwärts und rükwärts anzustellen, weil man auf diese Art die Berichtigung über das Senken des sichtbaren Horizonts mit mehrerer Sicherheit anstellen kan. Wir haben schon erinnert daß man über dieses Senken für jede Erhöhung des Auges über die Meeresfläche Tafeln berechnet hat. Allein der Wert dieser Tafeln wird durch die Refrakzion, die nach der verschiednen Beschaffenheit der Atmosfäre sehr veränderlich ist, unsicher. Da sich die Gesichtslinie auf der Oberfläche der See, in den verschiednen Richtungen um das Schif herum, nicht sehr entfernt; so ist die Refrakzion gewöhnlich von allen Seiten gleich groß. Daher ist auch die Senkung des Horizonts in beiden entgegengesezten Beobachtungen gleich. Man hat also durch beide Beobachtungen 180 Grad und die doppelte Senkung, zieht man die Hälfte dieses Bogens der über 180 Grad ist, von der durch das vorwärts Beobachten gefun-

gefundenen Höhe ab, so hat man die wahre Höhe, unabhängig von der veränderlichen und ungewissen Refrakzion.

Wenn der sichtbare Horizont auf beiden Seiten be-
deckt ist, so kan man, wenn die Bewegung des Schifs
nicht zu heftig ist, stat dessen die Oberfläche eines stil stehenden Wassers, oder eines Spiegels, der sich, so lange
die Beobachtung währt, horizontal erhält *), gebrauchen.
Man richtet sich gegen das Bild des Gegenstandes, das
durch die Reflexion auf dieser Fläche gemacht wird, und
führt das andre Bild des Gegenstandes vermittelst der
Alidade auf denselben Punkt. Man erhält hierdurch
das Doppelte der Höhe, weil der Gegenstand in diesem
Spiegel um eben so viel unter dem Horizont erniedrigt ist,
als er sich wirklich über denselben erhebt. Diese Beobachtung ist von dem Senken des sichtbaren Horizont unabhängig.

Ehe man den Oktanten wirklich zu Beobachtungen
braucht, mus man vor allen Dingen untersuchen, ob er
auch gehörig eingerichtet ist, das heist, ob die Spiegel
richtig stehen, ob der Kreisbogen genau mit der Axe der
Alidade konzentrisch, ob der Bogen und der Nonius
richtig eingeteilt ist. In den Schriften über dieses Instrument gibt man besondre Regeln über diese Berichtigung. Auch mus man sich in der Behandlung desselben üben, vorzüglich mus man das Instrument ohne Zeit-
verlust in der Fläche des Auges und der Gegenstände
bringen können, so wie man überhaupt bei allen Beobachtungen hinlänglich geübt sein mus.

Es ist uns nun nichts mehr übrig als noch zwei Worte
über den Variazions- und den Strichkompas hin-
zuzu-

*) Der künstliche Horizont des Engelländers Serson.
Eine polierte Metalscheibe dreht sich um den Mittelpunkt der Schwere, und bleibt so lange die Bewegung
dauert, horizontal. d. U.

zuzusezen. Man braucht sie nur zu sehen um sie zu kennen. Der Strichkompas ist eine bloße Bussole, welche die Richtung der Winde angibt, wenn man die Berichtigung wegen der Abweichung der Magnetnadel weis. Dieser Kompas hat an sich selbst keine Verbindung mit der Astronomie. Der Variazionskompas hat einen horizontalen in Grade eingeteilten Zirkel, eine Magnetnadel in dem Mittelpunkt desselben, eine horizontale um eben diesen Mittelpunkt bewegliche Alidade mit senkrecht auf derselben stehenden Dioptern. Man dreht das Instrument so, daß die Magnetnadel auf Nul zeigt; alsdan richtet man die Alidade, vermittelst der Dioptern nach dem Gegenstaud. Die Alidade selbst gibt auf dem Zirkel das falsche Azimut an, dieses mit dem wahren, aus einer astronomischen Beobachtung hergeleiteten Azimut verglichen, gibt die Variazion, nach welcher man die Angabe der Bussole berichtigt.

Kurze Ueberſicht
der in dieſem Abriß
vorgetragenen Materien.

Erſter Abſchnit.
Von den Geſtirnen und ihrer ſcheinbaren Bewegung.

Drei Arten von Sternen, Firſterne, Planeten und
Kometen: Unermeßliche Anzahl der Firſterne:
unveränderliche Lage gegen einander: ungeheure Entfernung: eignes Licht: ihre wirkliche Größe iſt unbekant:
ihr ſcheinbarer Durchmeſſer Nul: ihre ſcheinbare Größe
kömt von der Abirrung der Lichtſtralen in dem Auge. —
(S. 1).

Unterſchied unter dieſen ſcheinbaren Größen, erſte,
zweite bis ſechſte: teleskopiſche Sterne: Urſache ihres Fun-
kelns. — (S. 2).

Eingebildete ungeheure Himmelsfläche: Sternbilder:
Planisfären von Vaugondy: Globus von de la Lande:
neueſte Sternbilder: Zeichen des Tierkreiſes: Pole. —
(S. 3).

Planeten: Urſprung dieſes Namens: ſiben Hauptpla-
neten, zwölf Nebenplaneten: der Mond ein Trabant der
Erde, vier Trabanten des Jupiters, fünf des Saturns,
Ring deſſelben (zwei bis jezt bekante Trabanten des Ura-
nus): eignes Licht der Sonne: geborgtes der Planeten:
Beweis davon. — (S. 5.).

Kometen: ihre große Anzahl: von 73 ſind bis jezt
die Bahnen bekant: Zeit des periodiſchen Umlaufs iſt wenigſtens

nigstens von zweien bekant: weißlichter Kern: Schweif: erhalten ihr Licht von der Sonne: Veränderung ihrer Lage unterscheidet sie von Nebelsternen. — (S. 6.).

Tägliche Umdrehung des ganzen Himmels: Pole: Aequator: südliche und nördliche Hemisfäre: die Stellung der Himmelskörper gegen einander wird durch diese Bewegung nicht verändert: diese Bewegung ist nur scheinbar, und wird durch die wirkliche Umdrehung der Erde um ihre Are verursacht. — (S. 7).

Refrakzion: tägliche Parallare: ihr Ursprung und Veränderung: entgegengesezte Wirkung: erstere ist für alle Sterne gleich: die zweite für die entferntern geringer: bei dem Mond etwas weniges mehr als ein Grad, bei den andern Planeten sehr klein: bei den Firsternen nicht zu bemerken: Abirrung der Lichtstralen: kleine scheinbare Bewegung die daraus entsteht. — (S. 8).

Große aber sehr langsame Bewegung aller Sterne um die Are der Ekliptik, welche das Vorrükken der Nachtgleichen genant wird. — (S. 9).

Nutazion der Are als eine kleine gemeinschaftliche Bewegung: die merkwürdigsten Bewegungen der Firsterne sind viererlei, die tägliche Bewegung, die Vorrükkung, die Aberrazion und Nutazion.

Zwei andre kleine scheinbare Bewegungen, und einige besondre wirkliche Bewegungen, die ihres ungeheuren Abstandes wegen sehr gering zu sein scheinen. — (S. 10).

Scheinbare Bewegung der Planeten: jährliche Bewegung der Sonne in der Ekliptik: Ausschweifung der andern Planeten zu beiden Seiten der Ekliptik in dem Tierkreis: Neigung der Mondsbahn: Knoten: periodischer Umlauf: sinodischer Umlauf: Fasen: Sizigien.

Entste-

Entstehung der Mondsfasen: die Hälfte seiner Oberfläche ist immer erleuchtet. — (S. 11.).

Veränderung seiner Bahn: Irregularität in seiner
Bewegung: Ursache der Sonnen- und Mondfinsternisse.

Bewegung der übrigen Planeten: gewöhnlich bewegen sie sich gegen Morgen: Zurükgehen und Stilstehen der
Planeten: Venus und Merkur untere Planeten: ihre
geringe scheinbare Entfernung von der Sonne: Opposizion der übrigen: Zeit des Zurükgehens: Merkur und
Venus in der Sonnenscheibe: Irregularitäten der scheinbaren Bewegung der Planeten entstehen aus der Verbindung ihrer wahren Bewegung mit der wahren Bewegung
der Erde. — (S. 12.).

Sonnenflekken: Umbrehung der Sonne um ihre
Axe: eben die Erscheinung an den Planeten beobachtet
oder vermutet. — (S. 13.).

Große Verschiedenheit in den Erscheinungen und Bewegungen der Kometen: erscheinen in allen Gegenden des
Himmels: bewegen sich in allen Richtungen: der Schweif
ist von der Sonne abwärts gerichtet: manchmahl von dem
Kometen verdekt: scheinbare Irregularität in ihrer Bewegung, weil sie aus keinem festen Punkte beobachtet wird.

Wirkung der Fortpflanzung des Lichts bei den Planeten: berichtigt bei dem Mond und den irdischen Gegenständen die Wirkung der Aberrazion. — (S. 14.).

Zwei

Zweiter Abschnit.

Von der Armillarsfäre und der künstlichen Himmelskugel.

Zwei Kugelflächen, eine bewegliche und unbewegliche: die sfärische Erde im Mittelpunkt: Größe der Zusammendrükkung unter den Polen.

Ursprung des Namens Armillarsfäre: zehn Zirkel, sechs größte, vier kleinere: ihre Namen. — (S. 15).

Wirklicher, fisischer und sichtbarer Horizont: lezterer senkt sich wegen der Erhöhung des Auges.

Zenit und Nadir: Einteilung des Horizonts in Grade: Winde, ihre Anzahl und Namen.

Meridian: Ursprung dieses Namens: seine Lage: seine Pole. — (S. 16.).

Aequator: man denkt sich zwei, einen beweglichen und einen an der unbeweglichen Kugelfläche: seine Pole.

Ekliptik: ihre Neigung gegen den Aequator ist etwas veränderlich: durchschneidet den Aequator in zwei Punkten: die Grade werden auf der Ekliptik und dem Aequator von dem Durchschnit im Frülingspunkte an gegen Morgen gezählt: ihre Entfernung von dem Aequator auf beiden Seiten desselben.

Zeit der Aequinokzien: Ursprung von ihnen und den Solstizen: auf- und absteigende Zeichen: vier merkwürdige Punkte, zwei Aequinokzial- und zwei Solstizialpunkte: tägliche Bewegung der Sonne in Schraubengängen: die daher nötige Berichtigung bei übereinstimenden Sonnenhöhen. — (S. 17.).

Zurükgehen des Aequinokzialpunktes: Ursprung von dem Vorrükken der Nachtgleichen. — (S. 18.).

F

Sicht-

Sichtbarer und eingebildeter Tierkreis: der erste ist von dem zweiten um ein Zeichen vorgerükt: Pole der Ekliptik: ihre Lage: Wirkung des Vorrükens der Nachtgleichen: Polarstern: er wird es mehreren Jahrhunderten nicht mehr sein.

Koluren: Kolur der Nachtgleichen und Solstizen: lezterer geht durch die Pole der Ekliptik. — (S. 20.).

Wendekreise: ihre Lage: Ursprung ihres Namens: Wendekreis des Krebses und des Steinboks.

Polarkreise: Ursprung ihres Namens: ihre Lage. — (S. 21.).

Andre Kreise: an der unbeweglichen Kugelfläche, die Stundenkreise, Vertikalzirkel und Almikantarats: an der beweglichen die Abweichungs- und Breitenkreise, die Parallelkreise mit dem Aequator und der Ekliptik.

Lage der Stundenkreise: werden von funfzehn zu funfzehn Grad für die ganzen Stunden gezogen: Stundenwinkel an den Polen: Verwandlung der Zeitteile in Bogen des Aequators und umgedreht: die Stunde wird aus dem Stundenwinkel bestimt, den man aus der Sonnenhöhe gefunden hat.

Kleiner Zirkel am Pol mit einem Zeiger, die Stunden anzugeben, die zu den Teilen der täglichen Umbrehung gehören: Sonnenzeit länger als Sternzeit: warum? und um wie viel. — (S. 22.).

Ungleichheit der Sonnentage: Ursache davon: mitlere und wahre Sonnenzeit: eingebildete Sonne, bestimt durch eine gleichförmige Bewegung die mitlere Zeit: Gleichung der Zeit, bald positif bald negatif: ihr Gebrauch in der ganzen Astronomie.

Der

Der Unterschied zwischen der wahren und mitlern Zeit wird gebraucht wenn man aus der beobachteten Höhe eines Sterns die Stunde sucht: algemeiner Gebrauch des Unterschiedes zwischen der wahren und mitlern Bewegung in der Astronomie: wie man ihn anwendet: verwiffelte Mond berechnung wegen der großen Anzahl der Gleichungen. — (S. 24.).

Vertifalfreise bestimmen das Azimut: was das Azimut ist? Höhe und Entfernung vom Zenit werden in Vertifalfreisen gemessen: Amplitude: die Höhe wird durch die Parallaxe vermindert, durch die Refrafzion vergrössert: geringe Veränderung der Amplitude durch die Refrafzion, wird wichtig bei der Metode die Abweichung der Magnetnadel zu bestimmen, welche die Seeleute die Variazion des Kompasses nennen. — (S. 25.).

Polhöhe im Meridian: erster Vertifalfreis, steht auf dem Meridian senfrecht: Höhen in den Vertifalfreisen braucht man die Stunden zu finden: Höhen im Meridian bestimmen die Breite des Orts: Größtes und Kleinstes der Höhe im Meridian: Kulminazion: Höhen dürfen nicht in der Nähe des Meridians genommen werden, wenn man die Stunde finden wil: am besten nimt man sie in der Nähe des ersten Vertifalfreises. — (S. 26.).

Eine gute Refrafzionstafel ist einem beobachtenden Astronomen nohtwendig: Ungewisheit in der man noch über die mitlere Größe der Refrafzion steht, so wie auch über die Veränderung derselben mit dem Steigen und Fallen des Barometers und Termometers: neue Azimutalmaschine, welche die Refrafzion mit der größten Leichtigkeit und Sicherheit bestimmen würde: ihr großer Nüßen in der ganzen Astronomie. — (S. 27.).

Die Almikantarats: was sie sind? einer von ihnen ist der Dämmerungsfreis: achzehn Grad unter dem Horizont:

ont: Unterschied in der Dauer der Dämmerung. —
S. 28.)

Kreise an der beweglichen Kugel: Ihr Nuzen, die
age der Sterne zu bestimmen: Länge und Breite bezieht
ich auf die Ekliptik; gerade Aufsteigung und Abweichung
auf den Aequator: gegenseitige Verbindung dieser vier
Bestimmungen: die beiden leztern sind die wichtigsten für
inen Seefahrer. — (S. 29.).

Gebrauch des Meridians an der Armillarsfäre die Abweichung der Sonne zu bestimmen: die tägliche Bewegung geschieht in Parallelkreisen des Aequators: die, welche das Vorrükken der Nachtgleichen bewirkt, in Parallelkreisen der Ekliptik: Tag- und Nachtbogen in den erstern. — (S. 30.).

Die Wende- und Polarkreise sind dem Aequator parallel: fünf durch sie bestimte Zonen gehören zum Globus
terrestris: eine heise, zwei gemäßigte und zwei kalte.

Zwei mit dem Aequator parallele Zirkel schliessen die
Sterne ein, die beständig sichtbar oder beständig unsicht-
bar sind. — (S. 31.).

Kreise auf dem Globus terrestris: der Aequator mit
seinen Polen und seinen Parallelen; die Wendekreise und
Polarkreise: die Zonen: der Meridian: erster Meridian:
Länge und Breite auf der Erde bezieht sich auf den Aequator: Antipoden.

Stellungen der Sfäre: gerade, parallele und schiefe:
Erscheinungen der geraden Sfäre: man sieht daselbst alle
Tage den ganzen Himmel: man hat beständig Tag und
Nacht gleich. — (S. 32.).

Parallele Sfäre; Erscheinungen derselben: man sieht
daselbst beständig nur die Eine Hälfte des Himmels: Tag
und

und Nacht von sechs Monaten: zwei Dämmerungen, jede von funfzig Tagen. — (S. 33.).

Schiefe Sfäre: Erscheinungen derselben: Erhöhung des einen Pols über den Horizont, Tiefe des andern unter demselben: Breite, allemahl der Polhöhe gleich, und der Entfernung des Aequators vom Zenit: Metode sie zu finden, durch die Höhe eines Sterns im Meridian.

Algemeine Tag- und Nachtgleichen in den Aequinokzien: Ungleichheit der Tag- und Nachtbogen ausserhalb des Aequators. — (S. 34.).

Ungleichheit der Tage und Nächte wird grösser in grössern Entfernungen von dem Aequator: die längsten und kürzesten Tage in den Solstizen: Tag länger als 24 Stunden jenseit des Polarkreises: eben so in Rüksicht der Nacht: Klimate, werden durch die Dauer des längsten Tages bestimt: es sind dreissig in jeder Halbkugel.

Algemeine Ursache der verschiednen Wärme in Rüksicht der Klimate und Jahrszeiten: Vorzug der nördlichen vor der südlichen Hemisfäre: Ausnahmen von der algemeinen Regel nach der besondern Beschaffenheit der Länder. — (S. 35.).

Kreise auf der künstlichen Himmelskugel: Aequator, Ekliptik, Wende- und Polarkreise, Koluren, Abweichungs- und Breitenkreise, Parallelkreise mit der Ekliptik und mit dem Aequator: Meridian und Horizont. — (S. 36.).

Sternbilder auf der Himmelskugel: kleine Berichtigung wegen der Vorrükkung der Nachtgleichen und der veränderlichen Neigung der Ekliptik: Aufgaben können nicht genau auf derselben gelöst werden.

Einige von diesen Aufgaben: Metode, die Rektaszension und Abweichung auf der Himmelskugel und die geo-

grafi-

grafische Länge und Breite auf der Erdkugel zu finden: die Sterne welche beständig oder niemahls sichtbar sind, zu finden: die Amplitude der übrigen, den halben Tag- und halben Nachtbogen, die Zeit des Auf- und Untergangs der Sonne, des Aufgangs, der Kulminazion und des Untergangs der Firsterne: Monatstage die zu jedem Grade der Ekliptik gehören, wenn sich die Sonne in demselben befindet: Gebrauch des am Pol angebrachten kleinen Stundenzirkels. — (S. 37.).

Ursprung des Schaltjahres: Verbesserung des Kalenders durch Gregor den dreizehnten: Unterschied des neuen und alten Stiels. — (S. 39.).

Dritter Abschnit.
Von der wahren Bewegung der Sterne und ihrer fisischen Ursache.

Erste Vorstellung von dem Weltgebäude: wirkliche tägliche Bewegung der Gestirne: von dem Primum Mobile fortgerissene sfärische Schichten welche die Planeten enthalten: ihre eigne Bewegung in entgegengesezter Richtung: ekzentrischer Kreis; Absidenlinie, Erdnähe, Erdferne: wahre und mitlere Anomalie. — (S. 40).

Epizikel: Ptolemäisches Sistem: Erscheinungen sind der Hipotese entgegen: Epizikel werden vermehrt: König Alfons Gedanken über diese verwikkelte Hipotese. — (S. 41.).

Wahres Sistem von mehrern Alten erkant: tägliche und jährliche Bewegung der Erde, und des Mondes um die Erde: Bahnen der Planeten um die Sonne: Kopernikus Sistem: Tycho's Sistem: die Erde steht unbeweglich:

weglich: die Sonne und der Mond bewegen sich um die Erde, die übrigen Planeten um die Sonne.

Die Fortpflanzung des Lichts und die fisische Astronomie widerlegen das Tychonische Sistem. — (S. 42.).

Wirbel des Descartes, sind wilkührlich angenommen, erwiesenen fisischen Gründen entgegen, werden durch die freie Bewegung der Kometen widerlegt: Newtons algemeine Gravitazion; erklärt alle Erscheinungen: Keplers Entdekkungen geben zu dieser Teorie Gelegenheit. — (S. 43.).

Vorhergehende Hipotese einer mitlern Bewegung um einen Punkt ausserhalb des Mittelpunkts von dem ekzentrischen Kreise: Keplers Entdekkung über die elliptische Bahn des Mars in deren Einem Brenpunkt die Sonne ligt, wird auf die übrigen Planeten angewendet. — (S. 45.).

Zweites Keplerisches Gesez, die von dem Radius vektor beschriebenen Flächen sind den Zeiten proporzional: Keplers unrichtige Begriffe über die fisische Astronomie. — (S. 45.).

Drittes Keplerisches Gesez, die Quadrate der Umlaufszeiten verhalten sich wie die mitlern Entfernungen.

Newtons Entdekkung, daß alle diese Geseze eine nohtwendige Folge eines einzigen Gesezes der Gravitazion sind: sie steht im umgekehrten Verhältnis des Quadrats der Entfernungen: die Kometen gehorchen demselben Gesez: eben so alle Teile der Materie: große Menge von Erscheinungen ausführlich daraus erklärt. — (S. 46.).

Fortschritte welche die Geometer durch diese Teorie in der Berechnung von tausend kleinen Irregularitäten gemacht haben: gute Tafeln welche vermittelst dieser Teorie über die Mondsbewegung gemacht worden.

Wahres

Wahres Planetensistem: nichts ist unbeweglich auffer der gemeinschaftliche Mittelpunkt der Schwere: angenommens Ruhe der Sonne zur Erleichterung der Rechnung: Umdrehung der Sonne um ihre Are: Bewegung der Planeten um die Sonne: Neigung der Planetenbahnen: Knotenlinie, Abstdenlinie, Sonnenferne, Sonnennähe, wahre und mitlere Anomalie, Gleichung: geringe Veränderung der Knoten- und Absidenlinie: änliche Bewegung der Kometen und Nebenplaneten. — (S. 47.).

Elliptische Bahn um die Sonne, von dem gemeinschaftlichen Schwehrpunkt der Erde und des Mondes beschrieben: Veränderung der Mondsbahn: verwikkelte Irregularitäten in seiner Bahn. — (S. 49.).

Siben Elemente für jeden Planeten: heliozentrischer, geozentrischer Ort: astronomische Tafeln; astronomische Efemeriden und Kalender.

Entfernung und Größen der Planeten. — (S. 51.).

Vierter Abschnit.
Verbindung der Astronomie mit der Schiffahrtskunde.

Drei Ursachen dieser Verbindung: Richtung des Laufs, geografische Länge und Breite des Schifs. — (S. 53.).

Alte Metode den Lauf des Schiffes zu richten: vorteilhafter Gebrauch der Bussole: nohtwendige Berichtigung derselben durch die Astronomie, wegen der veränderlichen Abweichung der Magnetnadel.

Strich-

Strichkompas, Variazionskompas: beider Gebrauch; des erften die Abweichung der Magnetnadel zu
finden, des zweiten den Lauf des Schiffes zu richten. —
(S. 55.).

Metode die gesuchte Abweichung durch die Amplitude zu finden: Berichtigung wegen der Stralenbrechung:
ift gering: andre Metode vermittelft einer beobachteten
Höhe: Berichtigung dieser Höhe.

Was für dieses erfte Stük, für die Teorie und die
Ausübung aus der Aftronomie genommen wird: Haupt-
ftükke findet man in den aftronomischen Kalendern: der
scheinbare Durchmesser der Sonne ift dabei nohtwendig,
und warum? — (S. 54.).

Zweites Stük, die Breite: einfachfte Metode sie zu
finden, wenn man die Höhe eines bekanten Sterns im
Meridian beobachtet: Art sich derselben in verschiednen
Fällen zu bedienen, sowohl in der südlichen als nördlichen
Hälfte des Meridians: kleine Berichtigung in der Abweichung der Firfterne, die für genaue Beobachtungen
nötig ift. — (S. 55.).

Drittes Stük, die Länge: alte Metode sie zu schäzen:
Unzulänglichkeit derselben und warum? — (S. 56.).

Vergebliche Hofnung die Länge durch die Variazion
des Kompasses finden: das Gesez derselben ift noch
nicht bekant.

Einzige Metode die Länge zu finden, aus dem Unterschied zwischen der Stunde die man auf dem Schiffe
zählt und der Stunde eines bekanten Orts: dieser Unterschied läft sich auf zwei Arten finden, durch eine Längenuhr, oder durch die Beobachtung einer Erscheinung am
Himmel. — (S. 57.).

G Metode

Metode die Stunde des Schifs durch übereinstimmende Höhen, oder durch eine einzige Höhe eines bekanten Sterns zu finden: nötige Vorsicht bei der ersten Metode: sfärischer Triangel für die zweite.

Erste Metode die Stunde eines bekanten Orts durch eine Längenuhr zu finden: nötige Vorsicht: vortrefliche Schrift des Chevalier Florieu über diesen Gegenstand. — (S. 59.).

Zweite Metode: die Erscheinungen welche man dazu gebrauchen kan, sind einige Verfinsterungen und der Ort des Mondes: keine andren Verfinsterungen können dazu angewendet werden, außer die Finsternisse des ersten Jupiterstrabanten: sie kommen zu selten vor, und sind auf der See nicht gut zu beobachten.

Alle Gestirne bewegen sich zu langsam, als daß man die Beobachtung ihres Orts zu dieser Absicht anwenden könte, außer dem Mond, der in jeder Minute Zeit eine halbe Minute im Bogen fortrükt: Bedekkungen der Sonne und Firsterne vom Monde eräugnen sich zu selten, und erfordern eine weitläuftige Berechnung: die Entfernungen des Mondes von der Sonne und den Firsternen, sind das einzige noch übrige Mittel. — (S. 61.).

Zwei große Schwierigkeiten von Seiten der Praxis und der Teorie: die erste ist durch den Reflexionsoktanten gehoben, die zweite dadurch daß die Entfernungen des Mondes von Firsternen, von drei zu drei Stunden berechnet, und in den Londner und Pariser astronomischen Kalender eingerükt werden:

Schwie-

Schwierigkeiten die man überwinden muste, um den Ort des Mondes berechnen zu können: Berichtigung der scheinbaren Entfernung wegen der Refrakzion und Parallaxe. — (S. 62.).

Diese beiden Stükke hängen von den Höhen ab: beschwerliche Metode sie für den Augenblik der Beobachtung aus der Teorie zu bestimmen: es ist besser sie unmittelbar zu beobachten: Metode die Berichtigung anzubringen, 1) durch zwei sfärische Triangel; 2) durch trigonometrische Formeln: 3) durch die große zu Londen gedrukte Samlung von Tafeln. — (S. 63.).

Metode die Stunde von Londen und Paris zufolge dieser Entfernung zu finden: Berichtigung durch Proporzionalteile. — (S. 64.).

Fünfter Abschnit.
Von den Instrumenten.

Drei Gattungen von Astronomischen Instrumenten, optische, mechanische und geometrische. — (S. 65.).

Instrumente der ersten Gattung zur Unterstüzung des Gesichts: Spiegelteleskope und Fernröhre, vorzüglich astronomische: der beobachtende Astronom mus ihre Beschaffenheit gehörig kennen, damit er sie berichtigen kan.

Instrumente der zweiten Gattung, die Zeit zu messen; Uhren, auf dem Lande Penduluhren, auf welche die Wärme keinen Einflus hat: auf dem Meere Seeuhren.

Durch-

Durchgangsinſtrument: Lage ſeiner Axen: Metode wie es zu berichtigen: vorteilhafter Gebrauch deſſelben. — (S. 66.).

Der Halbkreis deſſelben der die Entfernungen vom Zenit angibt gehört zur dritten Gattung, welche die Winkel zu meſſen dient. — (S. 67.).

Mauerquadrant: ſeine Stellung: ſeine Beſtimmung für den Durchgang der Sterne durch den Meridian und die Mittagshöhen: ungleich größerer Vorteil eines Azimutalinſtruments.

Beweglicher Quadrant: zwei verſchiedne Arten ihn zu gebrauchen, nachdem das Fernrohr an eine Seite deſſelben befeſtigt iſt, oder ſich auf einer Alidade um den Mittelpunkt dreht: Sextant: Sektoren von verſchiedner Art. — (S. 68.).

Parallaktiſche Maſchine mit zwei Zeigern für die Deklinazion und gerade Auffſteigung: Gebrauch dieſer Maſchine. — (S. 69.).

Verſchiedne Arten von Mikrometern, mit feſten oder beweglichen Fäden: Objektifmikrometer: Einrichtung deſſelben und Gebrauch.

Auf der See kan nur das lezte gebraucht werden: ſelbſt dieſes nicht immer: Quadranten, Penduluhren, Fernröhre kan der Seeman zu Beſtimmung der Länge und Breite eines Landungsplazes gebrauchen: tragbares Durchgangsinſtrument ſehr nüzlich zu derſelben Abſicht. — (S. 70.).

Refle-

Reflexionsoktant zu Beobachtungen auf der See nüzlich und nohtwendig: Beschreibung desselben. — (S. 72.).

Sein Gebrauch Distanzen und Höhen zu messen: zwei verschiedne Arten, vor- und rükwärts zu beobachten. — (S. 73.).

Metode Entfernungen mit demselben zu messen: gefärbtes Glas wegen der Sonnenstralen. — (S. 74.).

Metode mit dem Oktanten Höhen zu messen: was man tun mus wenn der Horizont vorwärts bedekt ist: es ist vorteilhaft die Höhen vor- und rükwärts zugleich zu beobachten. — (S. 75.).

Wie man verfähet wenn der Horizont auf beiden Seiten bedekt ist: künstlicher Horizont. — (S. 76.)

Nohtwendigkeit das Instrument gehörig zu berichtigen, und sich in seiner Behandlung zu üben.

Variazions- und Strichkompas: ihre Beschreibung und Gebrauch.

Druk-

Drukfehler.

S. 20. Z. 13. ist hinter Wendekreise, (Tropizi), ausge= lassen worden.

Vorstellung
des
Sonnensistems.

Dichtigkeit.	Masse.	Schwere auf der Oberfläche
		Fuß
0,2546	365412	433, 81
2,0377*	0, 142*	12, 673*
1,2750*	1, 171*	18, 72*
1,0000	1, 00	15, 1038
0,7292*	0, 220*	7, 39*
0, 2298	340, 0	39, 55
0,1045	106, 9	15, 83

Imlauf geschieht in 29 Tagen 12 St. 44′ 3″

t 0, 2730 des Erddurchmessers,

  0, 68706

  0, 014   beides bei der Erde = 1 gesezt

2, 83

Tagen 7 Stunden 43′ 11″

_____

iturnsrings verhält sich zum Durchmesser des
  die Entfernung des innern Randes von dem
aturns, zu dem Halbmesser des Saturns wie
s Rings ist 31° 30′ gegen die Ekliptik geneigt.